J. J. TABLADA

El Florilegio

SONETOS DE LA HIEDRA

POEMAS EXÓTICOS — GOTAS DE SANGRE

POEMAS — PLATERESCAS

MUSA JAPÓNICA — DEDICATORIAS

HOSTIAS NEGRAS

LIBRERÍA DE LA Vᴰᴬ DE CH. BOURET

PARÍS | MÉXICO
23, Rue Visconti, 23 | 14, Cinco de Mayo 14,

1904

EL FLORILEGIO

PARA UN LIBRO DE TABLADA

Después de *Lascas,* de *Poemas Rústicos,* de *Lira Heroica* y de *Ingenuas* ¡poesías de José Juan Tablada! La república literaria mexicana puede estar satisfecha.

Cuando José Juan Tablada lanzó á la publicidad sus primeras estrofas, los cultivadores de letras en México volvieron con extrañeza los ojos al flamante poeta; éste no venía de Quintana, ni de Espronceda, ni de Becquer, ni las manos con que pulsaba la lira mostraban las huellas de la palmeta de Gómez Hermosilla. Su métrica disonaba á las empedernidas orejas de los rimadores preceptistas, y su inspiración no se compadecía con las fuentes en que acostumbraban abrevarse ellos, fuentes bien exhaustas, por cierto, agotadas, mejor dicho, en la vulgaridad. No había conocido á Ramírez ni á Altamirano. Salía de sus lecturas y de su propio espíritu, íntegro, pulido y abrillantado á la Teophile Gautier y amargado con la

estética amargura del ajenjo de Baudelaire y otros
poetas franceses posteriores á Víctor Hugo. Soplaban
en sus versos nuevos brisas sobre viejos airones y
enseñas medioevales. ¡ Oh, excelso poeta de la barba
florida! Había en ellos áureos reflejos, reminiscencias
de arcaica civilización nipona, que producíanse como
se abre un hermoso abanico ó se desdobla un biombo
oriental, y resurrecciones de los bellos tiempos en
que por los salones de Versalles bailaban el minueto
damas *pompadour* con caballeros crujientes de seda
sobre altos tacones enrojecidos con la sangre derra-
mada en las orillas del Rhin. Ah! cuánto ha amado
á Edmundo y Julio de Goncourt!

Dice así :

« Fuí un paladín para mi rubia amada!
La siguió como un paje mi deseo;
Dejé á sus pies mi juvenil espada,
Y mi pasión, rendida y desmayada,
En la corte de Amor y en el torneo. »

. . . .

« La luna brilla en el piélago
Azul; pero ella ha mirado
Revolotear un murciélago
Como un crespón agitado.
Y, sintiendo mortal frío,
Ve desplegarse Satsuna
El ala vellosa y bruna
Como abanico sombrío
Sobre la faz de la luna.

. . . .

Los lirios del Tokaïdo

En los tibores se secan
Y mientras que los perfumes
En el pebetero humean,
Extendido bajo el ala
De una gigante Quimera
El Daimio le pide al opio
Consuelos á su tristeza. »

. . . .

«.... En vano un lirio del vaso regio
Prendió en las blondas de su corsé.....
Leyó los versos de un florilegio,
Y al clavicordio tocó el minué.
    Nada ha calmado su torva fiebre,
Ni el paje negro, ni el fiero halcón,
Ni la diadema donde el orfebre
Grabó los lises de su blasón. »

Misa Negra fué, sin duda, en aquel entonces, una de las poesías de Tablada menos del gusto público. Su epígrafe, ¡ *Emen Hetan ! Cri des stryges au sabbat*, no era para contentar espíritus meticulosos. Pero el poeta siguió su labor, la ha continuado ; y con José Asunción Silva, Rubén Darío, Leopoldo Lugones, etc., etc., en la América del Sur, y Balbino Dávalos, Amado Nervo, Díaz Mirón, en México, ha escrito gloriosamente su nombre en la historia de la nueva literatura americana, tan fustigada en tiempos en España y hoy imitada por jóvenes poetas de gran vuelo en la península española misma. Sin embargo, en la cuestión métrica no ha sido Tablada tan voluntarioso — con buena voluntad artística, digo — como Silva, Darío ó Nervo ; pero á pesar de su sobriedad él inició entre nosotros esa feliz evolución estética en la que desacostumbrado el numen á mirar la Naturaleza como una decoración teatral simplemente, le empuja á contemplarla, viva y palpitante, dentro y fuera de nosotros, encadenando desde el astro que se refleja en nuestras pupilas hasta la toxina que envenena nuestras venas ó la recia roca que lastima nuestras plantas en la efímera vida de la tierra.

No reproches, no desdenes, para los antecesores poetas mexicanos : El verso paladín de Fernando Calderón, el brioso de Rodríguez Galván, el místico de Carpio, el solemne de Ramírez, menos inspirado que sabio; el regional y cristalino de Altamirano, el amargo de Acuña, el exquisito de Cuenca, el rotundo como cúpula florentina de Justo Sierra, el broncíneo de Othón, el poliforme airoso del Duque Job, el grácil, de piel de seda, de Urbina, obra son de poetas que han visto la Belleza frente por frente y han grabado viva la emoción, para siempre, en las páginas del Arte. Nunca he creído á Sor Juana poeta autóctono. ¡ Está tan dentro de su siglo español ! y no obstante, antójaseme que están más cerca de su estro los nuevos que los anteriores poetas hispano-mexicanos.

Escribía un fecundo escritor jaliscience, muy poco amigo de las novedades que preñaban los versos de Tablada y de sus compañeros : *la asonada (no revolución) que han llevado á cabo es benéfica, y tiene que traer algunos excelentes resultados;* afirmando después que *han inventado combinaciones nuevas de verso en*

que predomina el ritornello y la repetición simétrica y
esa labor mucho ha de servir para enriquecer el acervo
común de la lengua. Esto en labios de un opositor
entonces cruel de la nueva tendencia lírica da la im-
portancia del progreso realizado en las bellas letras y
aquilata la obra iniciada por el poeta de que me ocupo
en estas breves líneas.

Bien dijo Urbina hablando del primer libro de
Tablada : *Tablada introdujo entre nosotros, el nuevo*
estremecimiento de Baudelaire; y de sus viajes al alma
enferma y hosca de Huysmans trajo el recuerdo de esas
infernales y negras ceremonias. Cuando nos da á
comulgar sus « Hostias Negras » experimentamos una
sensación de malestar complicada de voluptuosidad y
de regocijo : en la obscuridad del templo enlutado, la
tentación roza nuestros labios con sus alas velludas.

Hay una poesía de Tablada que especialmente cita
Urbina : *El Onix.* Con efecto, difícilmente se hallará
en un poeta un grito más hondo y doloroso del alma
del siglo XIX y más artísticamente consignado.

> Fraile, amante, guerrero, yo quisiera
> Saber qué obscuro advenimiento espera
> El anhelo infinito de mi alma,
> Si de mi vida en la tediosa calma
> No hay un dios, ni un amor, ni una bandera !

Los que alcanzamos á vivir el último tercio de la
última centuria sentimos con toda intensidad ese pro-
fundo desencanto de todo. Defraudadas las espe-

ranzas de la revolución, lo mismo en los días del gran
Imperio, que en 1830 y 1848 en Francia y 1868 en
España, disipadas las nieblas del filosofismo ante las
diarias conquistas de la observación y de la experien-
cia, que así iban ensanchando la esfera de luz como la
de tinieblas que la envuelve y crece al par de aquélla,
apagadas, una á una, pero por el mismo soplo frío,
todas las antorchas de la fe, se sentía el vacío en el
alma no templada aún por la Ciencia. ¡La Ciencia!
Quísose hacer de ella un nuevo mito con que susti-
tuir los que habían sido derribados de sus pedestales;
algo más, una mágica llave para penetrar en el sellado
misterio de las causas primeras y los fines últimos, y
la impotencia cortaba allí las alas al pensamiento y
estrangulaba todo impulso másculo. Nada más pavor o-
samente exacto que *El Onix* de Tablada.

No hay un dios, ni un amor, ni una bandera!

El egoísmo lo invade todo y el hombre no ha reflexio-
nado en que el egoísmo es, muchas veces, una forma
de altruísmo para la especie. Hoy la ciencia, circuns-
crita á sus límites propios, abre en los umbrales del
siglo XX nuevos horizontes á la humanidad. Tiéndese
al bien por el Bien mismo y olvidando causas primeras
ó finales — antros de dioses y fanatismos — seguro el
hombre de sus conquistas científicas, labora en la
obra de la civilización, satisfecho de lo magno de ella,
refugiando sabiamente su emotividad en el seno de la
Belleza, en tanto se realiza, en el tiempo y en el
espacio, el sueño de Nietzsche : el *Superhombre*.

Parece increíble que actualmente subleve todavía muchos espíritus el que al estudiar un fenómeno artístico quiera encuadrársele en el medio científico y filosófico en que se ha producido, encerrándose así esas almas apocadas en el ridículo error del divorcio que suponen que existe entre el Arte y la Ciencia. Pues bien, sí : el intelecto no se traduce sino bajo el concepto adquirido de los fenómenos naturales que nos .rodean, cuyo estudio es objeto de la Ciencia; y la imaginación — la loca de la casa, lo dijo Cervantes — — sufre la influencia de la Naturaleza tal como ha sido informada de ella por los conocimientos del momento. El autor sólo pone su sello propio á la obra, siendo ésta, sin darse cuenta él mismo, producto de las ideas, preocupaciones ó supersticiones de su tiempo. El *Balzac* de Rodin, piedra de escándalo en nuestra dilecta Francia, es la concepción más grandiosa del genio del gran escritor no desprendido por completo, como su obra, del bloque primitivo.

A su primer volumen ha agregado el autor numerosas y bellísimas poesías posteriores, entre ellas deleitará al lector *Del Amor y de la Muerte*, de lo más hermoso que se haya producido últimamente en México en materia de literatura. No es, pues, esta una segunda edición de *El Florilegio,* sino un libro casi nuevo, enriquecido como va abundantísimamente. En Tablada no se sabe qué admirar más, al poeta ó al escritor; y cuando se leen sus correspondencias del *País del Sol* dirigidas desde el Japón á la *RevistaModerna*, suspende el ánimo por la tersura y fulguración de su estilo, nutrido, terso y vibrante, con movimientos de músculo antiguo. Es un gran poeta, es un gran prosista y es en todo y sobre todo un artista cuyo espíritu parece disponer de órganos suyos especiales para percibir nítidamente hasta las más vagas y remotas armonías de la suma Belleza. Pronto el público conocerá su *Viaje al País del Sol* que ya está en prensa.

Este libros es, podemos decirlo, la obra de primera juventud de Tablada. Ya ha comenzado á dejar de ser el hosco malqueriente de la vida, encastillado en sus ansias prematuras de gloria y de grandeza. Su figura ya no se destaca en la sombra con rayos satánicos en los ojos y el pecho estrujado por iras injustas. La reflexión cae sobre su cabeza como un rocío. Sus labios ríen con la buena risa. Sus miradas se bañan, en medio de su fulguración de obsidiana, en lágrimas limpias; y el amor ha penetrado en su corazón y en su hogar envuelto en la nube blanca y tenue del velo de una nueva vida. ¿ Qué no podemos esperar de este singular inspirado cuya personalidad se hizo única desde sus primeros versos?

Pero ¿estaré haciendo contigo, lector amigo, lo que conmigo hacía un mi conocido, deteniéndome en el vestíbulo del Teatro cuando cantó por primera vez la Patti en México, para demostrarme que era superior á Adelina nuestra Peralta, obligándome á perder frecuentemente todo el primer acto? No, sin duda, no te detendré más frente á la arquitectura preciosa de los versos de José Juan, clavada en la cima excelsa, cabe el tupido bosque que trepa afanoso por los flancos del monte. Penetra y perdóname, que te sirvo humildemente de puente levadizo. Él lo ha querido. Estás en el palacio encantado.

JESÚS E. VALENZUELA.

México, 1903.

DIÁLOGO INICIAL

— Este libro es una jaula,
Este libro es una lápida,
Este libro es una lámpara!

— Algo tiene de la fiera.....
Algo tiene de la huesa.....
Algo tiene de la estrella...

— Este libro es una vid,
Es un vaso de marfil,
Es un astro en el zenit !

— Brota sangre de las uvas.....
Hay cenizas en las urnas.....
Hay estrellas que se nublan.....

— Aquí una lámpara irradia,
En esta jaula hay una águila,
Aquí descansa una lápida !

— Oh flamas en la penumbra !
Oh huracanes en las plumas !
Oh gusanos en las tumbas !

Sonetos de la Hiedra.

PRELUDIO

Dejaron los crepúsculos de la Melancolía
En los hondos estanques dorados arabescos;
Aun cuelgan temblando los faroles chinescos
Y perdura el perfume de la lejana orgía.

Egipanes y faunos sus visajes grotescos
Crispan en la penumbra burlando tu porfía;
Los fastos han pasado y en la copa vacía
Imposibles delirios buscan tus labios frescos!

Amada : ese Pasado fulgurante no llores !
Surgirá en mi poema de harmonías inciertas
Y vagas como el alma de las difuntas flores;

En mi canto de brumas y de ráfagas yertas ;
De silencio y de sombra ; de lejanos amores ;
De besos extinguidos y serenatas muertas...

A LA SOMBRA DE UN HERMES

Vive ¡ oh Musa ! entre símbolos velada,
Tal como una estatua submergida ;
Como luna en la tarde presentida
Y antes de tramontar adivinada...

En la espiga de oro encarcelada
Como las hostias vivirás dormida,
Y guardarás la esencia de tu vida
Como esconde su sangre la granada !...

Solo el latir del corazón sonoro,
— No su amor, ni sus ansias, ni su anhelo —
Mueva el soberbio pectoral de oro...

Y si sufres ¡ oh Musa ! que tu duelo
Se deshaga en la sombra como un lloro
Tras de un negro antifaz de terciopelo !...

TALISMÁN

Oh Fausto ! yo he sentido que se agita
En mi ser la tiniebla de tu hastío ;
Dónde está el Mefistófeles sombrío,
Que me acerque á mi blanca Margarita ?...

Sin que le arredre el sacrificio impío
Por inmolarse el corazón palpita ;
Qué supremo holocausto necesita
Para poder triunfar el amor mío ?...

Mas ¡ oh gloriosos tiempos medioevales !
Fugitiva la Fe tiende su vuelo,
Desplomadas están las catedrales,

Y ya no puede el amoroso anhelo
Para alcanzar soñados ideales
Vender el alma y abdicar del cielo !

ABRAXA

Como un diamante sobre el terciopelo
De un joyero de ébano sombrío
Abandona tu amor sobre mi hastío
La adamantina claridad del cielo.

Rugió la tempestad ;.... muerto de frío
En tu alma, huerto en flor, posé mi vuelo
Y te bañó mi torvo desconsuelo
   ¡ Oh Lirio ! ¡ en vez del matinal rocío !

Y ni un suspiro de tristeza exhalas !
Y dejas que mi frente pesarosa
Empolve con sus pésames tus galas

Y que te abrace al fin mi alma tediosa
Como crispa un murciélago sus alas
Sobre el cáliz fragante de una rosa !

AUGURIOS

Hoy que en un cielo tenebroso y mudo
Hundiste ¡ oh fe ! tu resplandor postrero,
La única religión de que no dudo
Es el profundo amor con que la quiero !

¡ Oh fe que huyendo del invierno rudo
Fuiste un eterno pájaro viajero !...
Si el bosque está en tinieblas y desnudo
Llega á ese último amor como á un alero.

Pero ahí canta á la tiniebla fría,
No á las pálidas lunas de alabastro
Porque será un sarcasmo tu alegría,

Cuando desaparezca como un astro,
Dejando sólo en la conciencia mía,
Un desmayado y silencioso rastro...

VARIACIONES SOBRE UN TEMA

I

Como las encendidas fragancias de una rosa
Bajo las turbias gasas de vesperal neblina,
Así tras de tus velos mi deseo adivina
La sangre de una dalia y el mármol de una diosa !

Caerá bajo mis besos tu blanca muselina
Polvo de perlas ; alas de blanca mariposa ;
Plumón de cisne blanco para Leda gloriosa
Que aguarda entre los juncos la conjunción divina.

El Dios-Río en las cañas tañe un cántico vago,
Tu alma las alegrías y la tristeza aduna...
Ríndete á las dulzuras de mi anhelante halago.

La noche nos ampara con su tristeza bruna ;
El Cisne va triunfante sobre el obscuro lago
Y desflora los blancos fulgores de la luna !...

II

Como los colores de opulenta rosa
Que vela en el parque vesperal neblina,
Detrás de tu peplo mi amor adivina
Fragancias de flores, mármoles de diosa !

Romperán mis labios esa muselina
Leve como el polvo de la mariposa
Y bajo mi beso surgirá gloriosa
Blanca y sonrosada tu carne divina !

Tu desnudo cuerpo tembloroso y vago
Que las claridades y la sombra aduna
Llenará de besos mi amoroso halago

Y apartando entonces tu melena bruna
Sobre de mi alma — negro y hondo lago —
Rielará tu frente — luminosa luna !

III

Como á la opulenta rosa
Tras la vesperal neblina
Bajo tu peplo adivina
Mi amor tu cuerpo de diosa.

Es leve tu muselina!
Es ala de mariposa!
Ya mi pasión gloriosa
Besa tu carne divina!

Ya mi ósculo ardiente y vago
Que amor y pesar aduna
En ti derrama su halago.

Tu alma es blanca, mi alma es bruna,
En las tinieblas del lago
Derrámate blanca luna!

IV

Como roja rosa
Tras de la neblina
Mi amor adivina
Tu cuerp o de diosa !

Vuela muselina
Cual la mariposa !
Mi boca gloriosa
Te besa ¡oh Divina !

Con éxtasis vago
Mi deseo aduna
Erótico halago.

En la noche bruna
Surquemos el lago,
Nos llama la luna !

EN EL PARQUE

Un último sonrojo murió sobre tu frente......
Caiste sobre el césped; la tarde sucumbía,
Venus en el brumoso confín aparecía
Y rimando tus ansias sollozaba la fuente.

Viste acaso aquel lirio y como deshacía
Una á una sus hojas en la turbia corriente,
Cuando al eco obstinado de mi súplica ardiente
Respondiste anegando tu mirada en la mía?.....

Ya en la actitud rendida que la caricia invoca
Tendiste sobre el césped tus blancos brazos flojos
Vencida por los ruegos de mi palabra loca.

Y yo sobre tu cuerpo cayendo al fin de hinojos
Miré todas las rosas sangrando entre tu boca
Y todas las estrellas bajando hasta tus ojos!

FLOR DE ACANTO

De tu frente cayó la última rosa,
Y transida te arropas en el manto
Mientras en la vidriera temblorosa
Viento y lluvia otoñal riman su canto......

Son las ojeras de tu faz llorosa
Pálida y triste como flor de acanto,
Alas negras de inmóvil mariposa
Empapada en el iris de tu llanto;

Dobla tu frente un fúnebre turbante
De ágatas negras y crespón sombrío......
Y siento ante tu dicha agonizante,

Como una tumba, el corazón vacío,
Y abrumado mi ser como un atlante
Bajo el pesado mármol de tu hastío!

Poemas Exóticos.

EL ÚLTIMO ICONO

A tu ágil paso el himatión de lino
Te envolvía en su gracia serpentina,
Cuando griega ideal fuiste el divino
Modelo de Tanagra y de Myrina.

Ah! mi alma de orfebre bizantino
Desmayó en tu mirada que fascina
Viendo temblar un loto submarino
Bajo el áureo cristal de tu retina.

Del crisoelefantino iconostasio
Cayó hecha polvo la última escultura!
Pero hoy en la cripta de un palacio

Una Madona cual mi amor perdura :
Cada pupila suya es un topacio
Y el himatión la envuelve en su blancura!

EN OTOÑO

La lluvia obstinada y fría
De aquella tarde brumosa,
Desbarató muchos nidos
Y deshojó muchas rosas !
Allá en la desierta sala,
Frente á la ventana gótica,
Los dos solos ; él callado,
Ella pálida y tediosa
Finge desdén y sus ojos
Están tristes y no lloran,
¡Y las crueles palabras
Que de su garganta brotan,
Quieren herir y acarician,
Quieren vibrar y sollozan !
La falta es nube de Estío
Y las nubes se evaporan
Cuando surge el Sol radiante ;
Pero ella piensa orgullosa ;
Cuando al corazón lastiman
Las faltas no se perdonan !
Él medita, que al agravio

Las rodillas no se doblan
Y ambos callan pensativos
Junto á la ventana gótica......
¿ Por qué no arrojan la máscara
Si al cabo los ojos lloran ?
¿ Por qué están mudos los labios
Si las almas están rotas?.....

¡ Ay! en vano los recuerdos
Tienden el ala y remontan
Los horizontes azules
De las horas venturosas !
En vano recuerda ella
El despertar en la alcoba,
Cuando de la serenata
Se desprendían las notas,
Y sobre del blanco alféizar
Aparecía en la sombra
Una mano que se alzaba
Con un puñado de rosas !
En vano el galán medita
En las palabras ansiosas,
En la frente pensativa
Y en los rizos de su novia...

Los recuerdos vuelven tristes
Con las alas temblorosas,
Y ateridos se acurrucan
Otra vez en la memoria !
Ella firme piensa en que
Las faltas no se perdonan,

Y él medita que al agravio
Las rodillas no se doblan!
Y estaba la noche triste
Y se quejaban las hojas,
Mientras la lluvia seguía
Cayendo en la noche umbrosa,
Desbaratando los nidos
Y deshojando las rosas!.....

DE ATLÁNTIDA

Lucen del ocaso los pálidos cobres,
Y del mar que duerme los blancos estaños,
Y van derramando perfumes salobres
Las olas que cantan con tonos extraños.

De pronto el mar glauco se ve cristalino,
Las ondas palpitan de luz salpicadas,
Y el alba triunfante de un sol submarino
Derrama sus luces en áureas cascadas.....

Cual pasa en los claros cielos estivales
La nébula errante de un claro de luna,
Pasa estremeciendo los verdes cristales
Un delfín de plata con su aleta bruna.

En el fondo tiemblan esbeltas arcadas
De ópalos brillantes y ágatas obscuras.....
¿ Es que, obedeciendo la voz de las hadas,
Atlántida tiende sus arquitecturas ?

Silenciosa surge del regio palacio,
Como iluminada por luces astrales,
La Nereida rubia de ojos de topacio
Y frente ceñida de rojos corales.

Y tras ella náda, jadeante y bronco,
A grandes brazadas el tritón fornido,
El que airado sopla su caracol ronco
Y en las tempestades lanza su alarido.

Aparece luego como Anadyomena,
La de voz que arrulla como dulce flauta,
La fascinadora y ardiente sirena,
La que entre sus brazos adormece al nauta.

El alga marina su frente corona,
Su vientre escamado fulgura y radía;
Parece una heroica, gentil amazona
Que viste armadura de oro y pedrería.

Y pasa nadando silenciosa y rauda,
Tendiendo en las sombras sus brazos amantes,
Mientras que los golpes de su verde cauda
Dejan una estela de claros diamantes.

¡Mísero del nauta que surque esos mares!
La onda está quieta, la noche serena;
Los astros esplenden, y dulces cantares
Modula la brisa... Pero la sirena,

Al mirar la quilla del bajel errante
Que el espejo terso de la mar desflora,
Lanzará en la noche su canción amante
Y el arrullo dulce de su voz traidora!.....

COPA AMATORIA

(A la manera del siglo XVI.)

Doña Isolda; una cruzada
Pone en peligro mi vida...
¿Cómo dejar olvidada
Mi coraza cincelada
Y mi tizona, enmohecida?...

En el triste torreón
Borda una tapicería:
Haz primero un negro airón
Y despúes un corazón
Sangriento, señora mía!

Tú descansas; yo peleo,
Y calada la visera
Me lanzo ciego al torneo,
Y el matiz de tu deseo
Es blasón en mi bandera!

Mi bien; siempre los pecheros
Calumniarán al feudal.... !

¿ Tienen ellos mis aceros
O mis triunfantes plumeros
O mi corona ducal ?...

Soy feudal ; soy trovador
Y siempre, Isolda, he llevado
Para mi dama una flor ;
Mas tengo para el traidor
Un acero bien templado !

Y que aulle la jauría
En el llano y en el bosque,
Isolda, señora mía :
Tu león ruge en la umbría
Y apaga la voz del gozque...

Cual sueños que atormentaban,
Al triunfar de los leones,
Miré perros que ladraban
Y víboras que clavaban
Su colmillo en mis talones.

Bella Isolda, mi señora !
Isolda, señora mía !
He de encender una aurora
Y tú has de ver si devora
A tu amante la jauría !

La hiena busca la muerte,
La hiena escarba la fosa ;
Pero yo no estoy inerte

Y eleva mi puño fuerte
Una bandera gloriosa.

Doña Isolda, mi pasión!
Un miserable bufón,
Un gozque de la jauría
Morder quiso á tu león,
Piensa en ello, vida mía!...

Yo estoy lejos... soy cruzado,
Bardo y feudal entre infieles,
Mas pronto habré conquistado
La tierra santa y tu amado
Te hará un lecho de laureles!

Mas hoy he dicho al orfebre
Que por tu honor y tu gloria
Calme mi amorosa fiebre
Y haga una « copa amatoria. »

Una copa de cristal
En que al beber, vida mía,
Ambos bebamos el mal
O apuremos la alegría!

Nuestros amores difuntos
O nuestro placer divino;
Pero blanco ó rojo, el vino
Tendremos que beber juntos!

Hay en esa copa lodo,
Hay veneno, hay ambrosía....?

Isolda : á pesar de todo,
Yo soy tuyo y tú eres mía !

Unidos hemos de estar,
Pese á placeres ó agravios ;
Dime : quién podrá borrar
El beso de nuestros labios ?...

Doña Isolda, soy cruzado
Y en esta copa amatoria
Mi corazón ha sangrado
Por tu amor y por tu gloria.

Mira al bufón sonreír
Y ladrar á la jauría...
Puedes llorar ó reír,
Pero bebe, vida mía !

Porque esta copa en tu seno
Mi artífice debe hacer,
Y en ella hemos de beber,
O las hieles del veneno,
O las mieles del placer !

TRÍPTICO

(LA SERENATA)

A Oscar J. Braniff.

I

Dijo el bufón: « Señor, de tu armadura
Despójate al tornar de la cruzada
Mas no busque tu frente fatigada
De su pálido seno la blancura ;

« Teme al vino que en áurea y cincelada
Copa, brinda á tu sed ; teme á la impura
Y á ese fulgor de su pupila obscura
Que parece en amores anegada ! »

« Oriana te odia ! Fementida
Cae en tus brazos á tu amor ajena
Pues la traición bajo su pecho anida...... »

Calla el bufón y en el silencio suena
Triste como una eterna despedida
La serenata de ternura llena......

II

La panoplia en la sombra centellea
Y erizada de aceros vengadores,
Se ofrece del feudal á los furores
Para que el crimen castigado sea !

Clara noche nupcial ! Noche de amores !
Eros enciende luminosa tea ;
Mas la desgracia surge y aletea
Nublando estrellas y abatiendo flores......

Brilla el puñal que la tiniebla ignota
Con relámpago vivo desbarata...
Un ay ! de muerte en el silencio brota

Y de la luna entre la luz de plata
Deja escapar también su postrer nota
De angustia y de pasión la serenata......

III

Empapa su gloriosa cabellera
En el fulgor lunar la castellana
Y en el mármol de gótica ventana
Llena de angustia y de pavor espera.

Tiembla y presiente la desgracia arcana
Cuando escucha á sus pies en la pradera
De su lebrel la queja lastimera,
Triste y profunda como queja humana......

Sobre un charco de sangre que fulgura,
De su lebrel el pavoroso aullido
Vibra de horror entre la noche obscura.

Y cree la castellana, en su locura
Oir al desplomarse sin sentido
La serenata llena de ternura...

PRERRAFAELITA

I

Adorna tu gracia los libros de horas
De piel de cordero que un fraile minió?
O allá en la vidriera que tardes y auroras
Incendian, acaso tu imagen surgió?

Crenchas engarzadas en brillantes nimbos,
Hostias y azucenas en el rostro oval;
Un peplo sembrado de breves corimbos
Do emergen las alas de un pavo real.

Tus manos: dos lirios que oprimen los orbes
Velados y leves de tu seno en flor,
Y á tus pies querubes pulsando teórbes
Y ángeles tañendo las violas de amor....

Así en el exvoto de un glíptico arcaico
Vi tu misterioso perfil de otra edad,
Así entre la pompa de un viejo mosaico
De púrpura y oro, miré tu beldad!

II

Lanzando á los cielos su gótica aguja
Entre altos cipreses de negro verdor
Surgió en mis ensueños la antigua Cartuja
Donde eras tú virgen y yo era prior.

Dejando el rosario de huesos de oliva
Asían mis manos paleta y pincel,
La celda me daba la luz de su ojiva
Y el atrio la sombra de un noble laurel.

Del toque de alba, tras la eucaristía,
Extático, lleno de honda beatitud
Al Angelus lento que el claustro envolvía
En vagas penumbras y en triste quietud,

Pinté tus encantos con mística fiebre
Ciñendo tus sienes con nimbos de paz,
Cuajando tu manto con gemas de orfebre,
Formando con hostias y rosas tu faz!

Y mientras creaba tu ingenua sonrisa,
Dejando en tu frente la nieve de un lis,
Hablaban conmigo desde una cornisa
Las líricas aves del Santo de Asis!

. . . .
. . . .
. . . .
. . . .

Ah mi hábito blanco ! mi gótica aguja,
Mi azul luminoso, mis lirios en flor !
Con cuánta nostalgia mi ser se arrebuja
En esos recuerdos de aquella Cartuja
Donde eras tú virgen y yo era prior !

Hoy, ha muerto el iris en el cielo umbrío,
Hoy, en la paleta del fraile sombrío
No brilla una sola tinta de ilusión,
Sólo el agua fuerte del amargo hastío
Muerde el rojo cobre de su corazón !

LOS REYES

Es el manto del Rey el de un Zoroastro
Que áurea pléyade austral de luz salpica
Y deja en la tiniebla de la rica
Estancia negra, luminoso rastro.

En la real puerta que el blasón indica,
Surge con palideces de alabastro
La Reina, y finge irradiación de astro
El nevado plumón que la abanica.

Luego el Sol, como el Rey en la escarlata
Crepuscular, se esconde sepultado,
Y la luna que en la onda se retrata

Blanca Reina, en el cielo ya enlutado,
De su abanico de cristal y plata
Despliega el varillaje nacarado !

SONETO MORISCO

Leila canta :

Oh, gran Almoravid, Sidí triunfante!
Todo en la noche silenciosa calla,
Y en su ajimez espera tu rondalla
Trémula de pasión tu sierva amante!

Entre la zambra que marcial estalla,
De tus taifas guerreras adelante,
Miré tu jaique blanco y tremulante
Y tu negra armadura de batalla...

No has tornado, señor ? De los Zegríes
Te hizo caer la saña traicionera ?...
Ah, no es posible que mi amor no ansíes !

Vuelve triunfal ó envuelto en tu bandera
Que en tu serrallo de oro y de rubíes
Ó en la tumba, señor, Leila te espera......

SONETO WATTEAU

Manón, la de ebúrnea frente,
La de cabello empolvado
Y vestidura crujiente,
Tus ojos me han cautivado !

Eco de mi amor ardiente,
El clavicordio ha cantado
La serenata doliente
Y el rondel enamorado...

Ven ! El amor que aletea
Lanza su flecha dorada
Y en el mar que azul ondea,

Surge ya la empavesada
Galera flordelisada
Que conduce á Citerea !

ABANICO LUIS XV

Bajo las frondas de ideal Versalles
O en los boscajes de algún Trianón,
Entre floridas y angostas calles,
Triste y pausada cruza Manón.

Dan á su paso los brodequines
De altos tacones, blando oscilar,
Y su amplia falda de albos satines
Frú-frús y aromas deja al pasar.

Hacia el estanque va taciturna,
Donde á los rayos del áureo sol
Negros tritones vuelcan su urna
Y airados soplan su caracol.

... En vano un lirio del vaso regio
Prendió en las blondas de su corsé,
Leyó los versos de un Florilegio
Y al clavicordio tocó el minué.

Nada ha calmado su torva fiebre,
Ni el blondo paje, ni el fiero halcón,
Ni la diadema donde el orfebre
Grabó los lises de su blasón.....

..... Es que la hiere su enamorado
Y Manón llora su infiel desliz.....
¡ Por eso triste se ha doblegado
Y palidece la flor de lis !.....

..... Al dulce nido que los espera
Ya no irán juntos, llenos de amor,
En blasonada y azul litera,
De las antorchas al resplandor !

Y ya en la ojiva llena de esmaltes
Que orna el escudo noble y condal
No verán cómo los gerifaltes
Cazan la blanca garza real .....

Y Manón sueña..... Ramajes finos
Tienen arcadas de pastoral ;
¡ Nunca crearon los gobelinos
En sus tapices pastora igual !

Y en el estanque de tonos glaucos
Se irisa el chorro de un caracol.....
Y Manón sueña, bajo los saucos,
A los postreros rayos del Sol !

BALADA DE LOS OJOS

En el minueto, entre las blondas
Miré lucir tu talón rojo...
Ah ! la sonata de Scarlatti
Que celebró tus dulces ojos !

Un pabellón allá en Versalles
Y en el marfil del clavicordio,
Tú, con rondós y madrigales,
Rimando el duo de tus ojos !

Allá en el Parque de los Ciervos
De egregios árboles sonoros
Brillando una alba entre tus labios
Y un sol poniente entre tus ojos...

Grana y marfil en tu sonrisa,
En tu abanico nácar y oro,
Satín y encajes en tus batas,
Y astros y sombras en tus ojos.

Watteau, Boucher, Fragonard, Greuze,
Con su pincel galante todos,
Copiaron rosas en tus risas
Y azules lirios en tus ojos !

La Pompadour te dió sus trajes,
Lenôtre las fuentes y los kioskos
Del parque obscuro en que lucieron
Como luciérnagas tus ojos.....

¡ Ah, la marmórea lechería,
Y los boscajes penumbrosos,
Y aquella noche en que postrado
Miré los astros en tus ojos.....

Desalterando mis amores
Bebí con besos silenciosos,
Zumo de guindas en tus labios...
Gotas de luna entre tus ojos...

Luego la roja guillotina
Sobre tu cuello y el tesoro
De tu albo seno ensangrentado,
Y el velo turbio de tus ojos !

Luego Sansón crispó su mano
Sobre tus blondos rizos de oro
Y tus dos párpados cayeron
Como el sudario de tus ojos !

ENVÍO.

Blanca princesa, azul pastora !
Nuestros amores suntüosos
En el Trianón de los recuerdos,
En el Versalles misterioso,
No han muerto aún ; aunque tu cuello
Corte el verdugo y alce torvo
Sobre el azul, como un trofeo,
Tu testa real de nieve y oro.....
Pues sobre el hacha y el cadalso
Sobre la muerte y sobre el rojo
Sangriento abismo en que caíste
Brilla la gloria de tus ojos !

LA SONATA DE KREUTZER

Cavila Podsnicheff y del pasado
El recuerdo sombrío lo arrebata ;
Vibra el violín su canto enamorado
Y responden surgiendo en el teclado
Las notas de cristal de la Sonata.

Del dulce ritmo la cadencia siente
Como de un filtro las mortales gotas
Y mientras se extasía somnolente,
La pareja feliz lánguidamente
Se reclina en un tálamo de notas.

Hipnotizado por el dulce canto
Del piano de marfil y de caoba,
Se siente lleno de sensual encanto,
Ve á la tierna pareja y entretanto
Ya se abren las puertas de la alcoba...

Ve pasar á la troika arrebatada
Y mira en su dolor al asesino,
El vértigo en la estepa desolada

Y luego en la panoplia cincelada
El brillo del acero damasquino.

Palidece su faz y luego siente
Relampaguear la cólera de Otelo,
Y mira al golpe del puñal crujiente
Los borbotones de la sangre hirviente
Sobre el negro corsé de terciopelo.

Mira, mientras en lágrimas deshecho,
Rueda el hastío que su dicha roba
Y tiemblan los sollozos en su pecho.
— Símbolo negro, levantarse el lecho
En la trágica sombra de la alcoba.

¡ Ahí está el crimen ! en aquella hora
De la noche nupcial, cuando su exceso,
Derramó la caricia enervadora
Y conmovió á la virgen soñadora,
El lúbrico estallar del primer beso.

. . . .
. . . .
. . . .
. . . .

Cavila Podsnicheff y si retrata
El pálido recuerdo aquella historia,
Siente el remordimiento que lo mata
Y el canto de cristal de la Sonata
Se estremece temblando en su memoria !

MASCARADA

El corsé de terciopelo
Y la máscara de raso
Resbalaron hasta el suelo,
Desprendidos de su lazo.

Soñadora Colombina
Desata su cabellera,
Y por desprender se inclina,
La dorada jarretera.

¿Por qué ríe de soslayo
Al ver la ventana gótica,
A donde se quiebra el rayo
De aquella luna clorótica..... ?

Esa luna blanca y pura
Finge el rostro enharinado,
Y la pálida blancura
De Pierrot su enamorado!

Y en los vidrios que ilumina
La alta luna en el confín
De aquel cielo, Colombina
Mira el traje de Arlequín.

Y ahí están los dos rivales
Enfrente á la diva, igual
Que en las noches estivales
De París en carnaval !

La lucha y la serenata
Preludian los trovadores ;
Se asoma el rayo de plata
Por la ojiva de colores.

Luego brinca desde lo alto,
Pero topa en la vidriera ;
Pierrot quiso dar un salto,
Y Arlequín le dijo : ¡ Afuera !

Y Colombina en camisa
Ante aquella escena muda,
Se carcajea de risa,
Sin pensar que está desnuda ;

Y que al ostentar sin velos
Su blancura de satín,
Está aumentando los celos
De Pierrot y de Arlequín.

Por entrar Pierrot no ceja,
Arlequín es obstinado,

Y el cristal la faz refleja
De Pierrot enharinado.

Ha gemido el raudo viento;
Colombina voluptuosa,
Con ademán friolento
En el lecho se reposa.

Se oye queja lastimera...
Terminó la lucha en fin !
El crujir de la vidriera
Es el grito de Arlequín !

Con argentado fulgor
La cámara se ilumina,
Y al fin, temblando de amor,
Entra Pierrot vencedor
Al lecho de Colombina...

COMEDIETA

En un parque de Watteau
Que llena de rosas Junio
Y que un claro plenilunio
Con su luz opalizó,

Cambiando el esplín en farsa
Y á la Luna por el Sol,
Está toda la comparsa
Del sainete y de Guignol.

En un prado del jardín
Absorto vé Pulchinela,
Brincar una cascatela
De la boca de un delfín ;

Pierrot su laúd afina...
Se oye un « muera » á la virtud
Estentóreo y Colombina
Planta un beso al del laúd

Mientras que Casandra á solas
(Ha libado tres botellas)
Cuando vuelan las luciolas
Cree que bajan las estrellas !

Qué color de pastoral !
Cuánta luz la escena irisa !
Cuánto beso ; cuánta risa
Cuánto fresco madrigal !

Mas de pronto, en la espesura,
La comparsa oye asombrada
Un sollozo de amargura
Después de una carcajada...

Y corren hacia el confín
Tras de Casandra que vuela,
Con su giba Pulchinela,
Con su antifaz Arlequín.

¿ Llegan y qué ven ?... Un rayo
Lunar, baña á Colombina ;
Con angustia y con desmayo
A sus pies Pierrot se inclina.

Y en vano él su voz acalla
Suplicándole el secreto,
Pues Colombina que estalla
Dice al auditorio inquieto :

¿Queréis que el misterio os diga?
Vamos!... es una tontuna
Pierrot siempre sin fortuna ;
Quiere ahorcarse con mi liga
En un rayo de la luna !

Gotas de Sangre.

« Corps feminin qui tant est tendre,
Polly, souef, si precieulx... »

François VILLON.

CANCIÓN DE LA RISA

Repican áureas campanadas
En tu garganta cuando ríes,
Y cual sangrientas llamaradas
En tus mejillas encarnadas
Prenden sus luces los rubíes.

Tus ojos lucen como astros !
Bañan las blancas aureolas
De tus mejillas tibias olas
Y en esos claros alabastros
Estallan rojas amapolas !

Sobre tu seno acurrucadas
Duermen dos tórtolas nevadas,
Surgen tus risas que gorjean
Y las palomas despertadas
De pronto arrullan y aletean !

Aman tu risa mis deseos,
Miras abrirse á los gorjeos
Tus orientales labios rojos,
Temblar tu seno en aleteos
Y arder estrellas en tus ojos!

SONATA DE LA SANGRE

Ya surge la balada misteriosa
En el cordaje ronco de mis nervios,
La que canta tu pálida hermosura,
La que tiene por dulce ritornelo
En la sonora gama de los labios
El estallido pasional del beso...

La música aproxima á los amantes,
Y la hipnótica magia de los versos
Es la esencia afrodita, es el sucubo,
Es el rayo de sol lleno de fuego
Que de la castidad en la crisálida
Hace temblar el ala de los besos !

De tu virtud en las estepas frías
Surja la floración de los deseos,
Y empalidezca tu color de virgen
El tono de ámbar esfumado y tierno,
Que en medio del amor baña á la amante
Y en medio del crepúsculo á los cielos !

Tus nervios son las cuerdas dolorosas
De una guzla que llora en el silencio;
Y en vano de tu sangre enamorada
Quieres ¡ oh virgen! apagar el eco;
Venus te llama y por llamarte asoma
En el dintel de su dorado templo...

Baja de los espacios ideales!
Deja tu torre de marfil, y luego
Si juntos ¡ oh mi amor! hemos cruzado
La luminosa Arcadia del ensueño,
Juntos apuraremos las delicias
Que guardan los jardines citereos.

Y enlazados en dulce epitalamio
Y confundidos llegarán al cielo,
La balada que surge misteriosa
En el cordaje ronco de mis nervios
Y tu grito de amor, la Serenata
De la guzla que llora en el silencio!

HIMNO DE AMOR

Oh virgen! Oh Princesa! mi amor ardiente
Tendrá besos de arcángel para tu frente
Que nimben con sus oros tu trenza bruna,
Que perfumen tu seno como azahares,
Y viertan en la sombra de tus pesares
Tristes y silenciosos rayos de luna...

Oh virgen! Oh Princesa! será un guerrero
El amor infinito con que te quiero.....
Si alguno te ofendiera... ¡qué presurosa
Mi cólera su sangre derramaría
Y cual tapiz purpúreo la tendería
Para que así la hollaran tus pies de diosa!

Como el austero fraile del viejo coro
Se prosterna el cariño con que te adoro,
Es el salmo ferviente que á ti te canta,
Es el cirio radioso que en tu altar brilla;
Mi amor es la plegaria que se arrodilla
Y tú eres la Madona que se levanta!

Sátiro que se inclina sobre la nieve
Para besar la huella de tu pie breve;
Aguila brava y fiera que se levanta
Hasta el sol de tus ojos... ¡Princesa mía,
Mi inmenso amor es todo : tiniebla y día,
Nimbo en tu frente y rosa bajo tu planta !

Mi inmenso amor es todo ! Con sus destellos
Corona la opulencia de tus cabellos,
Es en tus blancas manos la dalia roja
El cáliz perfumado que tú has deshecho
Y miras desflorarse sobre tu pecho,
Dejando ante tus plantas su última hoja.....

ENVÍO

Pero si del Olvido llegara el día,
Será mi amor el monje de faz sombría
Que en el rincón más negro de su sagrario
En la celda más honda de su amargura,
Ahogue los recuerdos de tu hermosura
Con las heladas cuentas de su rosario...

ALBA MÍSTICA

I

La noche en las vidrieras del monasterio
Tiende velos de sombras y de misterios...
Con amantes abrazos cubre la hiedra
El helado regazo de dura piedra.....
El crepúsculo tiembla, la noche umbría
En sus claustros profundos detiene al día.

II

Ya mi pecho te siente... tú eres la hiedra
Que abraza temblorosa la dura piedra.
Tú eres la enamorada de la rüina;
El horizonte negro ya se ilumina,
Ya vuelven á mi pecho los ideales
Mientras que el fulgurante Sol, los cristales
Del monasterio baña con luces vivas
Y parecen los santos en las ojivas!

MAÑANA!

Mañana, cuando lleguen los venturosos días,
El amante episodio que yo anhelo y tú ansias,
Yo dejaré tu frente de lirios coronada
Y tú armarás mi brazo con la invencible espada!
En el laúd que duerme, tus dedos musicales
Despertarán los himnos gloriosos y triunfales;
Bordarás, mi princesa, una tapicería
Donde azul y enlutada, tu pasión y la mía,
Tus cándidos anhelos y mi tristeza bruna
Temblorosos se abracen en un rayo de luna!
Te asomarás al trágico abismo de mi alma,
Con tu mirar tranquilo lo dejarás en calma
Y las virtualidades fecundas de tus ojos
Han de cambiar en lirios los áridos abrojos!
Al ceñirme la espada murmurarás : « combate! »
Y si una sombra impura sobre mi sér se abate
Ha de caer al fuego que irradia tu corona,
Sierpe vencida bajo tu planta de madona!

Mañana entre las alas de un dulce ritornelo
Nuestros seres amantes ascenderán al cielo

Que alumbra con sus alas doradas la Quimera ;
Mañana nuestro ensueño tendrá su Primavera !
Borda entre tanto aquella rara tapicería
Donde se unen temblando tu alma blanca y la mía ;
Deshoja lirios albos sobre el hondo misterio,
Toca un claro preludio sobre el negro salterio
Que ya brota la aurora de los líricos días
Nuestro amor !... el instante que yo anhelo y tú ansías !

CANCIÓN DE TRISTÁN

Y preguntas qué anhelo... y me dices qué ansío
Y no ves que mi marcha que orientó la desgracia
Es á cada momento más sangrienta y más lacia ?
Y no ves que me muero de tristeza y de frío ?...

Cual los reyes difuntos en las piedras tombales
Descansaban inertes nuestros dos corazones
Y en tus labios resurgen las antiguas canciones !
Y en tu seno reviven los perfumes nupciales !

Pero cómo podremos regresar al pasado ?...
Vuelve atrás la mirada... ¿ Dónde están nuestras huellas ?
Ya la nieve ha caído y el sendero ha borrado !
Ya la sombra en los cielos apagó las estrellas !

Qué irrisorias tus ansias ! qué imposible tu empeño !
Dices frases ardientes y tu boca está yerta...
Crees vivir y te mueve la mentira de un sueño...
Y me invitan tu brazos al amor ¡ y estás muerta !

Los polvosos laúdes tañe en vano tu plectro...
Qué irritante es al cabo la lujuria y qué fatua !
¿ Cómo quiere tu orgullo si yo soy un espectro
Oprimirme entre el mármol de tus brazos de estatua

. . . .

La campana del alba ya preludia sus sones,
Isabela, es en vano que tus quejas exhales!
Deja ya que descansen nuestros dos corazones
Cual los reyes difuntos en las piedras tombales!

« EL ADIÓS DE LOS PAÑUELOS... »

El adiós de los pañuelos que se agitan
Junto al mar, en la impiedad de los basaltos
Y deshacen sus blancuras en la tarde
Como lirios deshojados...
Cual las alas de la trágica gaviota,
Hostia triste de los pávidos naufragios;
Como el rayo macilento de una Luna
Por los celos de un sol rojo destrozado,
Como un cisne que aletea
Entre las cóleras negras de algún lago;
Cual los grumos de un Invierno,
De una pálida Nivosa que ha labrado
El pavor de los marmóreos mausoleos
Y el terror de los sudarios,
Así nuestro adiós solloza
Como un doble funerario
En el árido desierto del Olvido,
En la playa sin amor del Desengaño !
¡ Llora! ¡llora! Ya los lirios están secos,
Y las aves han volado!
Ya las músicas se apagan en las sombras
Del paisaje triste y árido!

Llega al templo y en el hondo bautisterio
Donde llora sobre el cóncavo alabastro
El agua lustral, celebra
La florida conjunción de tus dos manos.
¡Llora y ora! que la hostia de tu frente
Se levante en las penumbras del sagrario,
Que tus ojos moribundos
Se amortajen en la seda de tus párpados,
Que tus dedos angustiosos,
Que tus dedos delirantes y crispados
Opriman las dos magnolias
De tu albo seno, y se claven
Cual puñales afilados
En tu pecho como en una
Rara panoplia de mármol...!

¡Llora y ora!... por el polen que no pudo
Fecundar ninguna flor, y por el astro
Que abortó la noche triste; por el héroe
Que inocente se encamina al victimario;
Por la virgen pensativa
Que sepulta sus amores en el claustro!
Llora y ora por las muertes inauditas,
Por los Cristos ignorados...
Por los mártires sin palma; por las glorias
Sin laurel; por el cadalso
Sin venganzas; por la tumba
Que en su yerto y duro mármol
No ha sentido las ofrendas; por la tumba
Sin piedades y sin llantos!
Llora y ora por las manos temblorosas
Que sacuden los pañuelos empapados,

5

Los pañuelos que se agitan en la tarde
Bendiciendo las estelas de los barcos,
Los pañuelos que se mueven en la noche
Entre ritmos desmayados
Cual las alas de las pálidas gaviotas
Hostias tristes de los pávidos naufragios!

RIMAS DE AYER

Ví la vidriera en donde los crepúsculos
Fijaron dolorosas agonías ;
Miré el festón de las moradas hiedras
Que en el arco musgoso de la ojiva
Volcaban la tristeza de sus urnas
Por el aura otoñal estremecidas

Colgaban los ebúrneos floripondios ;
Ostentaban su esmalte las pervincas
Y rimando la angustia de mi alma
El pálido crepúsculo moría....

Difundiendo fulgores en la sombra
Llegaste hasta el alféizar ; en la tibia
Tristeza de la tarde, fulguraron
Cual gemas milagrosas tus pupilas ;
Llegaste hasta el alféizar, silenciosa
Como un fantasma pálido, y altiva
Como una emperatriz, y en el silencio
Vesperal de la tarde mortecina
Tus ojos derramaron un torrente

De claras y azuladas harmonías.
Oh! tus ojos! tus ojos milagrosos!
Tus ojos tristes de gacela herida,
Que el dolor hace obscuros como hiedras,
Y que cambia en turquesas la alegría!
Tus ojos y el azul con que fulguran
Cuajadas de rocío las pervincas,
Tus ojos y el misterio tenebroso
De las profundidades submarinas!....

Marchito cuelga el lacio floripondio,
Y gotea su copa marfilina
Un opio que embalsama y adormece :
Así vuelca tu frente pensativa
Pésames y dolores. — Y la hiedra
Sigue temblando en la musgosa ojiva;
Así tiembla en tus ojos el presagio
De una inmensa desdicha!....
Y serán para otro las dulzuras
Y las serenidades infinitas
Que brotan luminosas y fervientes
De la cisterna azul de tus pupilas!....
Y será para otro de tu frente
La palidez divina!....

Hermana : corre hasta el jardín sagrado,
Deja al pie de la estatua de Afrodita
Tu palidez : un haz de floripondios.
Tus miradas : un ramo de pervincas!
Y mientras el cortejo de tus nupcias
Ya pasando en la sombra vespertina

Yo esperaré, escondido como un Fauno,
Y de mi tedio, de la gruta umbría,
Saldré luego furtivo y en la selva
Al pie de la Afrodita
Recogeré por fin ese trofeo
De mis soñadas dichas:
Un ramo de marchitos floripondios
Y un haz amoratado de pervincas!

México. — 1899.

FATA MORGANA

Una semilla de oro hay en mi alma
Sepultada entre légamos impuros;
Simiente de laurel, germen de palma
Siempre oprimida por basaltos duros....
Una semilla de oro hay en mi alma!

El luminoso corazón de un lirio
Está como un diamante cintilando
En el fondo del germen, y el martirio
Está en el cáliz de oro, ensangrentando
El luminoso corazón de un lirio....

Han de seguir nevando las tristezas;
Mas sus lacias diademas de alabastro
Coronarán al fin nuestras cabezas
Con el fulgor pacífico de un astro....
Han de seguir nevando las tristezas!....

Bajemos á los hondos hipogeos!
Y si víctimas somos, sin delitos —
Quizás mueran ahí nuestros deseos

Y se ahoguen al fin nuestros dos gritos.
Bajemos á los hondos hipogeos....

. . . .
. . . .
Ya el prodigio de amor se ha consumado,
Pues la sangre y el llanto que has vertido
En fragante rosal se ha transformado
Y en lirios de cristal se ha convertido.
¡Ya el prodigio de amor se ha consumado!....

DÍPTICO

Dans la vie et dans la mort
Je t'aime. Je t'aime
Dans la vie et dans la mort.
JEAN RICHEPIN.

Si el reguero de polen dorado
Ve caer en la flor desmayada,
Ella sueña en que viene el amado
Y en que besa su frente inclinada.

Si la luna con áureos destellos
Sobre lúgubre cielo fulgura,
Él la mira soltar sus cabellos
Y ofrecerle su blanca hermosura.

Ella escucha su voz en la ardiente
Vibración del voraz medio día
Y en la queja del bosque doliente
Que se arrastra en la noche sombría!

Él cree ver irradiar su mirada

En el fuego del negro diamante,
En la gota de lluvia irisada,
En la estrella perdida y errante...

Ella tiembla de horror porque ha visto
Que en el ara del templo sagrado,
Se deshace la imagen de Cristo
Y aparece la faz del amado.....

Él medita en sus senos que albean;
Ella sueña en su rostro sombrío;
Los dos se aman, los dos se desean
Y están lejos, muy lejos, Dios mío!

Si olvidaran los dos los agravios?.....
Si la ofensa de ayer olvidaran?....
Si se unieran ansiosos los labios
Y los senos muy juntos temblaran!

. . . .

¡Oh genios de sombras! potencia malvada
Que empañas la aurora con fúnebre velo,
Y que gozas en ver separada
La abeja del cáliz, la estrella del cielo!

En el nombre de aquellos amantes
Que en la dicha no hallaron abrigo
Por sus almas obscuras y errantes
¡Oh infernal potestad, te maldigo!

Te maldigo por esas dos luces
Que extinguiste en sus yertos regazos
Por esas dos tumbas.... por esas dos cruces
Que se miran y se abren los brazos!

México, 1890.

Poemas.

« Animula,
vagula,
blandula... »
Adriano, IMPERATOR.

DEL AMOR Y DE LA MUERTE

FRAGMENTO DE UN POEMA

I

Hoy que te quiero hablar, sereno y frío,
Sin doblez, sin perfidia, sin engaño,
En el dintel de tu alma me detengo
Transido de dolor, y vacilando....
Es un jardín tu alma! y el invierno
Llegará con mi voz; irá llorando
Para tapiar los nidos con sus grumos,
Para helar los estanques con su hálito,
Para cubrir las claras avenidas
Que brillaban del sol bajo los rayos
Con las hojas marchitas de los lirios
Y el plumón de los nidos destrozados!....
Un silencio implacable va conmigo,
Un estupor cruel sigue mis pasos
Y los sonoros chorros de las fuentes
Se inmovilizan á mi voz, cuajados,

Sin fluviales soñatas, sin murmurios
Del mascarón entre los duros labios!
Soy el invierno en tu jardín! las flores....
Al mirarme llegar doblan sus tallos,
Y las aves emigran de las frondas
Para siempre, con vuelo desolado!....
Hollaré con mi planta, de los lirios
Los cadáveres cándidos....;
De las áureas y níveas margaritas
El botón de oro y los encajes blancos;
El cuerpo de las claras azucenas.
Arroparé en sus pálidos sudarios
Y tenderé cual sol que se sepulta
Encima del florido victimario
La sombra vesperal de los cipreses
Y las plateadas hojas de los álamos!

II

En el ansia final de tu agonía
Me has de decir; ¿qué has hecho de mi alma
Y clavarás en mi hacha de verdugo
Oh víctima inocente! tu mirada!....
Y en vano has de implorar ¡oh Mujer-Cristo!
Mi imposible piedad!.... Sacrificada
Te he de tender sobre mi cruz de ébano!
Has de sentir el golpe de mi lanza,
Has de beber la hiel de mis hastíos
Y al fin sobre esa cruz, inerte y pálida,
Han de sangrar tus sienes de alabastro
Por mi mano, de espinas coronadas!

III

¡Dobla el rostro acongojado!
Haz que desmayen tus párpados!
Y tu cuerpo tibio y blanco
Orne con un gesto trágico
Mi crucifijo enlutado!

De los cisnes de alabastro
En los obscuros pantanos
Tiembla y muere el fulgor blanco
¡Abandona el negro claustro,
Huye del regio palacio!

Di ; ¿recuerdas cuando hilabas
En la rueca ágil y blanca,
La túnica inmaculada?....
¡El oro de aquella lámpara
Hoy alumbra tu mortaja!

Entre los tristes crepúsculos
¿No miraste caer los grumos
Del Invierno! los sepulcros

El amarte y al sauz húmedo
Besar tu cuerpo difunto?....

Extintas están las lámparas!
Y las ruecas se desmayan
Entre las manos cansadas!....
Y tiemblan las verdes llamas
En las urnas funerarias!....

IV

Despójate del manto que tejiste
En tu rueca de plata....!
Túnica de ilusiones imposibles
En que tímida ¡oh virgen! te arropabas....
Enfrente de los fúnebres presagios
Y de las implacables amenazas!....
¡Haz que caigan tus mantos irisados
Y trémula, y desnuda, y flagelada,
Llega conmigo hasta la cruz y tiende
En esa negra cruz tu carne blanca,
Sacudida por trágicos espasmos
Y que mi mano de verdugo clava!
Llega ¡oh Cristo irrisorio! hasta el madero
En cuyo torno vuelan mis venganzas,
Déjate coronar por mis tristezas,
Duras espinas que tu frente abrasan —
Y recibe en tus flancos temblorosos
El estigma cruel de mi lanzada.
Bebe mi corazón, cáliz amargo,
Esponja en los dolores empapada,
Y oh mujer, si eres Dios....; si sobrevives
Escapa de esa cruz transfigurada!

V

No en vano fuí el Invierno del pálido jardín!
Los nidos destrozados, los lirios de satín
      Están bajo mi pié;
Los Soles se desmayan y alumbra la mortuoria
      La triste Selené!....
Los sátiros que mueren, imploran un idilio
Que se ahuyenta, y el negro vespertilio
      Con su ala lacia y negra
Tiende en el cielo adverso sus funerales rastros
Y sobre las estrellas de claros alabastros
      Implacable y fatal
Desata sobre el brillo de dos fulgentes astros
      Su ala funeral!

Deja que grabe un « Inri », un « Inri » doloroso
      En la hostia de tu sien!
Y deja que en tu tumba levanten mis hastíos
      Un fúnebre ciprés.....
Ya mi dolor te clava sobre un Calvario yerto!
      Y puedes ¡oh mujer!
Dejar la cruz sangrienta, adonde sufre y tiembla

Tu desmayada sien....
Mi sér es tu Calvario, tu Gólgota mi alma....

. . . .

Si resucitas:

¡Ven!

México, 1898.

OBSIDIANAS

I

Baja á veces el Alma del palacio en que mora
Y al mirar en las gradas de la vieja capilla
La descarnada mano que la limosna implora,
En sus ojos piadosos una lágrima brilla....

*
* *

Y mientras en el fondo del bosque, la traílla
Se sacia en los despojos del ciervo que devora,
Con su hijo en los brazos la madre se arrodilla
Y el niño bebe el llanto que aquella madre llora....

*
* *

Pero á la Infanta abruman ansiosos pensamientos
Cuando abre conmovida la pródiga escarcela;
Pues sabe que la fuente de aquel eterno lloro

*
* *

Es honda, más profunda que los remordimientos
Y que ese irremediable dolor no se consuela
Con la fugaz ofrenda de una moneda de oro....

II

Y el Alma tiene un sueño volviendo á su castillo,
Donde llenó de cantos efímeros sus días
Y bordó soñadora, vanas tapicerías
Que hoy lucen á sus ojos con apagado brillo;

*
* *

Soñó en las amarguras dolientes y sombrías
Que ocultas sollozaban al pie de su rastrillo;
Soñó en los infelices y en el Dolor, Caudillo
Despótico y siniestro de tantas agonías....

*
* *

Y al fin lloró la Infanta con los desamparados...
Para calmar miserias y sosegar dolores
Hará con sus suntuosos vestidos desgarrados

*
* *

El galardón del triunfo para los vencedores,
Y vendas amorosas para los desdichados,
Y lábaros purpúreos para los vengadores!

III

Quizás mañana el Alma, reina consoladora
Para librar al Pobre del obstinado frío,
Y por secar su llanto de pertinaz hastío
Haga una inmensa hoguera con todo lo que adora.

*
* *

Será su ira el alma de un cíclope sombrío!
Incendiando su yunque con ráfagas de aurora
Forjará la campana de la voz redentora
Ó las hachas filosas para el combate impío!

*
* *

Nueva Juana de Arco sucumbirá en la hoguera
Feliz, si entre las llamas escucha transformada
En ronca Marsellesa la queja lastimera,

*
* *

Si ve que la Miseria por Dios está amparada
Y en sus pálidas manos la muchedumbre entera
Alza un pendón triunfante y una implacable espada!

EN EL VIEJO PARQUE

El viejo parque adonde coronado de hastío
Encamino mis pasos arrastrando mi duelo
Es un triste refugio y un asilo sombrío....
Los Otoños airados tapizaron su suelo
De hojarasca y de polvo, y empañados reflejos
Los crepúsculos tristes para siempre dejaron
De las fuentes calladas en los turbios espejos....
Ahí surgen mis sueños, bajo un solio de hiedra
Que abandona en mi frente sus obscuros temblores;
Ahí paso las horas sobre un banco de piedra
Miontras soplan los cierzos y agonizan las flores....

Del poema de Ovidio que me exalta y me inspira
Cada verso es la cuerda musical de una lira;
Me abandono al ensueño, al misterio me libro
Y una flauta invisible que se acerca, suspira
Y la sombra de un Fauno se proyecta en mi libro....
Y el Fauno, el buen amigo de todos los poetas
Por quien las flores abren sus cámaras umbrosas,
Por quien se entibia el seno de las carnales rosas
Y se desnudan hasta las púdicas violetas,

Me habló así en la penumbra del parque silencioso:
¡Oh bardo enamorado! soy todopoderoso,
A la triunfante Venus que implora tu deseo
Envolveré en la fuerza de mis membrudos brazos,
La entregaré á tu beso sensual y á tus abrazos,
La arrojaré á tus plantas, por fin, como un trofeo!

De su caliente mármol, de sus cabellos de oro,
Del ámbar de su frente tendrás todo el tesoro,
Has de apurar el vino de su fragante seno
Como el racimo de uvas los labios de Sileno.
Te ha de llevar su blanca carnalidad que treme
Hasta Citeres como una ebúrnea trirreme
Y en Chipre, en Gnido, en Lesbos, en Paphos y en Citeres
Tendrás todos los besos de todas las mujeres!
Pero escucha¡ oh poeta! si de las altas cumbres
Han de bajar las nieves para apagar las lumbres
Yo te daré el Olvido, yo arrojaré un Leteo
Sobre las rojas brasas de tu fatal deseo!

CANCIÓN DEL FAUNO

Siempre en pos de una belleza
Violé á la ninfa en la selva,
En el río á la neréida,
Y en el mar á la Sirena.

Y nunca bajo el follaje
Ni en los pálidos estanques,

Ni en los ríos, ni en los mares
Apagué mi amor salvaje!

Besé las carnes más blancas,
Las melenas más doradas;
El mármol de las estatuas
Y de las diosas las alas.

Yo vencí al toro que á Europa
Arrastró sobre las olas
Y á Elena que junto á Troya
Sintió el ascua de mi boca.

Pero escucha ¡oh enamorado!
Ni en los senos, ni en los brazos
Ni en las frentes ni en los labios
Del placer encontré el rayo!

Y en vano en bosques y selvas
Quiero asir, entre las breñas,
A una moribunda estrella
Que oculta una noche eterna.

No es la pasión lo que sacia!
No es el amor lo que salva!
Junto á Sansón está Dálila
Y junto á Hércules Onfalia!

¡Pobre canción perdida! Ya mi pasión incauta
Ha olvidado esos trinos que murmuró esa flauta,

Ya no voy como antes al parque triste y yerto,
Mi amor ha reencarnado.... el sátiro está muerto....

Y entrega á las traiciones de Dálila, Sansón
No sólo sus cabellos sino su corazón!....

1898.

EL POEMA DEL ALMA

« Animula, vagula, blandula »

I

Sonriendo la virgen á las claras mañanas
Devanó el lino cándido de las horas tempranas ;
La canción de su rueca diademada de armiños
Suspendía á las aves y arrullaba á los niños.
Era el blando murmurio de un oculto arroyuelo
Que corría arrastrando en sus aguas al cielo...

Blanca vestal purísima, un fulgor inocente
Nunca extinto brillaba como un astro en su frente
Que del lirio albeante la pureza ofuscaba
Pues ya el polen al lirio con su beso doraba...
Era pura, era casta, era blanca, era buena,
Como es casta y es blanca y es gentil la azucena!

Sus ensueños hubieran resbalado tranquilos
Como lentos y blancos en su rueca los hilos ;

Cual volaban las notas en aligero coro
En los tristes crepúsculos, de su lira de oro,
Cual la luz sosegada que en la noche sombría
La nocturna aureola de su lámpara ardía...

Pero *Yo* la anhelaba y en silencio y aleve
Aceché la blancura de *mi* Blanca de Nieve!
Rodeando el asilo donde quieta dormía
Resonaron los gritos de la negra jauría
Y mi cuerno del Sabbat ululó su alarido
En los mudos umbrales de aquel ángel dormido!

II

Traspasando su puerta, mis pisadas odiosas
El candor inmolaron de una alfombra de rosas,
Los claveles sangraron y ocultando mis huellas
Se nublaron en lo alto de pavor las estrellas !...

. . . .

Sin un rayo en sus ojos, sin un grito en su pecho
Contemplaba la virgen que llegaba á su lecho
Y alumbraban mis ansias y mis torpes sonrojos
Como grandes fanales de inocencia sus ojos !

. . . .

¡ Ah ! qué saben los nidos de la negra tormenta
Que los blancos plumones hasta el légamo avienta ?
Cuando llega la Noche con sus fúnebres rastros
Más perfuman las flores y más brillan los astros !
Qué mucho que la virgen sin temor ni reproche
Sonriera al demonio que turbaba su noche ?...
¡ Ah, mi Blanca de Nieve ! te ultrajaba mi mano
Y tus labios dulcísimos me llamaban : « hermano » !...

. . . .

Al sonar de los « Angelus », en las quietas veladas
Cuando abrías el libro de los « Cantos de Hadas »
Y al amor de la lumbre te quedabas dormida,
Te soñabas acaso la princesa elegida,
Ascendiendo en la pompa de magníficos brillos,
Castellana de ignotos y sonados castillos,
Cenicienta vestida de brocado y de tul...
Y al mirarme creíste que era el Príncipe Azul?...

III

¡ Oh tempestad ! Oh furia ! sembraron tus horrores
Plumas de blancas aves, hojas de tiernas flores !
En tu acre olor se ahogaron los aromas perdidos
Y en tus clamores roncos los cantos de los nidos !
Cual aves de naufragio, los suspiros del himen
Volaron en la negra marejada del crimen ;
Y los claveles únicos que la pureza estanca,
Ensangrentada y rota volcó el ánfora blanca !

. . . .
. . . .

*
* *

Después Blanca de Nieve, yerta, pálida... muda,
Junto á sus albas túnicas friolenta y desnuda,
Hosca á la luz... mirando su lámpara en la umbrosa
Estancia, y en aquella desnudez dolorosa
Sólo un color : la sangre sobre sus labios rojos
Y una sombra : las negras ojeras de sus ojos !

*
* *

Sin sentir la implacable huída del pasado
Quiso hilar como antes el lino inmaculado ;
Pero los copos entre sus manos ateridas
Sangraron como sangran las ovejas heridas ;
Tomó el laúd y entonces sollozó en el cordaje
La queja de las aves muriendo entre el follaje ;
Quiso encender su lámpara y entre la noche umbrosa
Echó á volar su llama como una mariposa !

*
* *

Entonces desolada volvió á mí su pavura,
A mi manto de sombras acogió su blancura ;
Enlazando á mi cuello sus yertos brazos flojos
Volcaron mil diamantes las urnas de sus ojos !...
Sobre el corcel del vicio huímos y sus ancas
Ella bañó en la noche de claridades blancas !

IV

¡ Ah ! la torpe, la negra depravación fué breve
Y nunca un sol más rojo fundió más blanca nieve !
Ayer Blanca, hoy Locusta llena de maleficios
Como una juglaresa jugaba con los vicios !
Aprendió la caricia letal y envenenada
Y el ósculo que hiere como una puñalada...
Bien pudo con el hondo poder de su cariño
Remozar á un anciano y encanecer á un niño
Y á su fugaz amante tender bajo sus besos
Sin sangre en las arterias, mi médula en los huesos !

V

Esa vestal violada, esa beldad sombría
Expoliadora y víctima...

ha sido el ALMA MÍA ! !

. . . .
. . . .

VI

Pero una aurora estalla tras de la noche obscura!
La sombra huye del cielo que el iris empurpura,
Del yermo conflagrado germina en las arenas
La cándida fragancia de un campo de azucenas
Y borra al fin la culpa más grande y más umbría
El llanto silencioso del en que la sombra expía...

VII

Hoy... mi ánima habita la celda de un convento,
El celoso enfermero del Arrepentimiento
Vigila los postreros insomnios de sus noches.
Mañana... cuando se abran los perfumados broches
Saldremos al amparo de la mañana cálida
Y mirarán las flores en el jardín cercano,
Los pasos vacilantes de una enfermita pálida
Apoyada en el brazo de un sacerdote anciano...

Yokohama, Septiembre de 1900.

Platerescas.

SIMBÓLICA

Las miradas de tus ojos
Aureolados de antimonio,
Aduermen como un narcótico.

Hablas de amor y parece
Que su balada perene
Canta sonora la fuente.

Mas si hablas de tristeza,
En tu boca roja y trémula
Como una herida sangrienta,

Finge tu fría palabra
La congelación helada
En las cariátides blancas.

En tus pupilas de ónix
Do brilla un claro myosotis
Flota tu triste neurosis.

Y huyes del mundo tedioso,
En tus dedales de oro
Bebiendo gotas de opio,

Quedando pálida y fría
Sobre tu lecho, tendida
Como la estutua en la cripta...

Oh ! tu alma soñadora
Y aquellas flores de sombra
Que hay en tu carne nivosa !

Al surgir tu cuerpo ebúrneo
Librado del torpe lujo,
Diosa del enigma obscuro.

Dame el hatchís de tu seno !
Libra tu pálido cuerpo,
Abre la puerta del cielo !

Que no ha de cortar impío
Tus amores de los míos
El yatagán del Olvido.

Pues tu amor — cauterio ardiente —
Llevaré en mi carne siempre
Como un tatuaje indeleble.

CANCIÓN DE LAS GEMAS

Yo adoro el diamante de luces reales!
El que desbarata diáfanos cristales
En el rizo rubio y en la trenza umbría;
Príncipe nimbado de auroras triunfales
Augusto monarca de la pedrería !

Yo adoro el granate que trágicamente
Inflama en tu seno su cáliz ardiente,
Gema de crueldades por tí preferida,
Que es ascua, sangrando sobre de tu frente
Y es en tu garganta luminosa herida.

Yo adoro el topacio de pálido efluvio !
Tarde moribunda sobre algún Danubio ;
Silfo que á las rosas da un beso de oro
Convertido en polen luminoso y rubio...
Con sus flavas luces al topacio adoro !

Yo adoro tus luces, doliente amatista !
Pupila llorosa que la pena atrista ;
Hiedra de los vagos parques otoñales...

¡ Oh mística gema del aurifabrista
Que siembras de luces las capas pluviales !

Yo adoro tus ampos, celeste turquesa !
Azul plenilunio que las ondas besa ;
Myosotis regado con polvo de plata ;
Lágrima de amores que alguna princesa
Dejó entre las alas de la serenata !

¡ Yo adoro las luces de la pedrería
Donde tembloroso se desmaya el día,
Los ricos joyeles, los regios tesoros,
El ópalo triste, la gema sombría
Y el flavo topacio de pálidos oros !

ENVÍO

Princesa : tú sabes que en ese tesoro
Más que la esmeralda y el topacio de oro,
Más que los diamantes y los negros cuarzos,
Tus dulces miradas son las que yo adoro...
¡ Báñame en la lumbre de tus ojos garzos !

1894.

ADIÓS Á BOHEMIA

« Au pays de l'amour misérable
et splendide. »

La negra gitana, la maga sombría,
Polvoso y ajado su manto real,
Cuando yo dejaba la ergástula impía
Agresiva y hosca se alzó en el umbral.

Era una paloma y era una pantera,
Miraba mi huída con negro furor,
Y al par que brillaba su pupila fiera
Temblabla en sus labios un beso de amor.

Mientras que á lo lejos Brumario leñaba
Pára las veladas de un Invierno atroz
Me habló del pasado ; y á la vez cantaba
La pasión, y el odio rugía en su voz.

Me habló del pasado, del sol que moría,
Cuando al vernos juntos, con ritmo triunfal,

Cantaron al paso de tanta alegría
Los genios del bosque su marcha nupcial;

La góndola negra y el lago de plata
Por donde cruzamos temblando de amor,
Dejando las notas de la serenata,
Dejando una estela de lirios en flor ;

Las pálidas albas, tras de los excesos
Profundos y ardientes, cuando la sentí
Deshojando flores y sembrando besos
Sobre de mi rostro, llegar hasta mí...

Todos los amores, todas las venturas,
Con honda nostalgia su canto evocó !
Mas cual los cipreses de las sepulturas
Sobre aquel pasado mi olvido se alzo.

Sobre el cielo rosa del áureo paisaje
Levantó su cono sombrío y fatal
Y no conmovieron su duro follaje
Las ondas de aquella brisa musical.

Quiso ella besarme y esquivé su halago ;
Quiso detenerme, mas le dije : atrás !
Sentí en el doliente crepúsculo vago
Su triste partida ; y no la ví más...

.   .   .   .
.   .   .   .
.   .   .   .
.   .   .   .

¡ Tanhauser despierta ! La impura montaña
De Venus, no arroja sus sombras en él,
Un nimbo glorioso lo cerca y lo baña
Y brota en sus sienes un verde laurel.

¡ Bohemia ! Ya dejo tus sitios fatales
Ya no soy esclavo ; soy un paladín !...
Ya tiende á lo lejos sus domos triunfales
Y eleva las torres de sus catedrales
Mi Ensueño en las sombras del negro confín !

FUEGOS ARTIFICIALES

¡ Poetas y rimadores !
Vuestro arte la turba iguala
Á la explosión de colores,
Á los súbitos fulgores
De las luces de Bengala.

Ved : el castillo se inflama,
Arde la pólvora, y luego
Mágica borda y derrama,
Con arabescos de llama,
Eflorescencias de fuego.

Forman sus varios fulgores,
En guirnaldas oscilantes,
Búcaros de ardientes flores
Con pétalos de colores
Y cálices llameantes.

Después, en la noche oscura
En diamantes transformada,

Tal parece que figura
La oriental arquitectura
De la Alhambra de Granada.

En estruendo fragoroso
Rompe de pronto y estalla,
Y un espejismo radioso
Ilumina el cielo umbroso,
Cuando el ruido se acalla.

Y se hunden los palacios
De calados minaretes,
De amatistas y topacios
Cuando surcan los espacios
Estallando los cohetes.

Y al mirarlos se diría,
En prodigioso derroche,
Ver caer la pedrería
De una sultana judía
Sobre el manto de la Noche.

Las chispas cruzan los velos
De la tiniebla, y, ¡ cuán bellas
Descienden en blandos vuelos
Como pálidas estrellas
Desprendidas de los cielos !

¡ Breve fantasmagoría !
¡ Mágico y fugaz derroche,
Tu esplendor murió en la umbría,

8

En la pavorosa y fría
Inmensidad de la noche !

Con resplandores iguales
Surgen, y con vida igual
Esparcen breves raudales
Los fuegos artificiales
Del fósforo cerebral......

¡ Poetas y rimadores !
Sin ver el fuego extinguido,
Sembrad puñados de flores :
Rimas de luz y colores
En la Noche del Olvido !

CREPÚSCULO DE ORO Y NEGRO

Un sol ígneo y dorado
Muere en la tarde obscura ;
En su seno enlutado
Un topacio fulgura......

Oh Véspero que brillas
En las tardes umbrosas
Sobre las amarillas
Y tremulantes rosas !

Oh viento que en la bruna
Noche alzas tu salmodia,
Y rizas la laguna
Donde tiembla la luna,
Como hundida custodia !

Ave que de tus hondas
Canciones el tesoro
Viertes en dulce coro,
Salpicando las frondas
De arabescos de oro !

Derramad en su pecho
Y en su pálida frente,
La luminosa fuente,
Todo el raudal deshecho
De mi pasión ardiente......

Llevad hasta la calma
De su tristeza umbría,
La clara luz de día
El esplendor de mi alma
Vibrante de alegría !

A ella, la flor más bella
Que en mi alma abrió su broche
Y la primera estrella
Que iluminó mi noche......

Un sol ígneo y dorado
Muere en la tarde obscura......
En su seno enlutado
Un topacio fulgura......

Septiembre 1896.

HECATOMBEÓN

Fuí un paladín para mi rubia amada!
La siguió como un paje mi deseo;
Dejé á sus pies mi juvenil espada,
Y mi pasión, rendida y desmayada,
En la Corte de Amor y en el torneo......

Dejé á sus plantas mi vigor de atleta,
Mi airón de plumas, mi broquel sonoro,
Mi enamorada lira de poeta,
Y todo por sus ojos de violeta
Y por el nimbo de sus rizos de oro!

Por sus miradas claras y serenas,
Ante su cuerpo olímpico y desnudo,
Dejé mis lauros, abatí mi escudo
Y, como algún artífice de Atenas,
Me hinqué á sus plantas tembloroso y mudo.

Después, cuando volaba en la nocturna
Sombra, mi frente coroné de hiedra :

La tristeza en mi ser volcó su urna
Y para tu sandalia ¡ oh taciturna !
Fué un escabel mi corazón de piedra !

De mi pasión la trémula sonata
Te sumergió en profundos embelesos ;
En tu alféizar dejé la serenata,
En tu frente las rosas de escarlata,
Y el luminoso rastro de mis besos !

Hoy sin gloria, ni lauro, ni trofeo,
Suspiro por mis muertas alegrías ;
Bajo la nieve duerme mi deseo !
Mi amor huyó del blanco gineceo
Y mi alma está en las hondas gemonías !

Y en vano suena el amoroso coro :
Para el amor estoy aletargado.....,
Y en la frente de todo lo que adoro,
La Diosa Indiferencia ya ha plantado,
Con aire altivo, su coturno de oro...... !

Musa Japónica.

Japan is not a land where man need pray
Vor'tis itself divine
Iet do I lift my voice in prayer and say:
May ev'ry joy be thine! »
NITOMARO
(*Japanese Poet.*)

JAPÓN

Áureo espejismo, sueño de opio,
Fuente de todos mis ideales !
Jardín que un raro kaleidoscopio
Borda en mi mente con sus cristales !

Tus teogonías me han exaltado
Y amo ferviente tus glorias todas ;
¡ Yo soy el siervo de tu Mikado !
¡ Yo soy el bonzo de tus pagodas !

Por tí mi dicha renace ahora
Y en mi alma escéptica se derrama
Como los rayos de un sol de aurora
Sobre la nieve del Fusiyama.

Tú eres el opio que narcotiza,
Y al ver que aduermes todas mis penas
Mi sangre — roja sacerdotisa —
Tus alabanzas canta en mis venas.

¡Canta! En sus cauces corre y se estrella
Mi tumultuosa sangre de Oriente,
Y ese es el canto de tu epopeya
Mágico Imperio del Sol Naciente.

En tu arte mágico — raro edificio
Viven los monstruos, surgen las flores,
Es el poema del Artificio
En la Obertura de los colores.

Rían los blancos con risa vana!
Que al fin contemplas indiferente
Desde los cielos de tu Nirvana
A las Naciones del Occidente.

Distingue mi alma cuando en tí sueña
— Cuadro sombrío y aterrador —
La inmóvil sombra de una cigüeña
Sobre un sepulcro de emperador.

Templos grandiosos y seculares
Y en su pesado silencio ignoto,
Budhas que duermen en los altares
Entre las áureas flores de loto.

De tus princesas y tus señores
Pasa el cortejo dorado y rico,
Y en ese canto de mil colores
Es una estrofa cada abanico.

Se van abriendo si reverbera
El sol y lanza sus tibias olas

Los parasoles, cual Primavera
De crisantemas y de amapolas.

Amo tus ríos y tus lagunas,
Tus ciervos blancos y tus faisanes
Y el ampo triste con que tus lunas
Bañan la cumbre de tus volcanes.

Amo tu extraña mitología,
Los raros monstruos, las claras flores
Que hay en tus biombos de seda umbría
Y en el esmalte de tus tibores.

¡Japón! Tus ritos me han exaltado
Y amo ferviente tus glorias todas;
¡Yo soy el siervo de tu Mikado!
¡Yo soy el bonzo de tus pagodas!

Y así quisiera mi ser que te ama,
Mi loco espíritu que te adora,
Ser ese astro de viva llama
Que tierno besa y ardiente dora
La blanca nieve del Fusiyama!

CRISANTEMA

Abatieron los faisanes
Su vuelo sobre la selva,
Se entrecerraron los lotos
En la arenosa ribera,
Y á través de los bambúes
Ascendió pausada y regia,
Entre brumas argentadas,
La pálida luna llena.

Cuando cayeron los remos
De la barca japonesa,
Surgió el Daimio y se escucharon
Vibradoras estridencias,
Golpes de címbalos de oro
Y de las cítaras negras
Entre las notas, arrullos
De amorosa cantilena.........

Caviloso el Daimio y triste,
Su ancho abanico despliega
Que á los rayos de la luna
Como un astro reverbera ;
Al palacio de los tréboles
Tiende su mirada inquieta
Pero nada ven sus ojos
Y en vano sus ansias vuelan.. ...
Ha tiempo que los faisanes
Se ocultaron en la selva
Y que plegaron sus cálices
Los lotos en la ribera.
¡ Ha tiempo que ya no existe
Su adorada Crisantema !

Los lirios del Tokaido
En los tibores se secan
Y mientras que los perfumes
En el pebetero humean,
Extendido bajo el ala
De una gigante Quimera
El Daimio le pide al opio
Consuelos á su tristeza !
¡ Dejad que el sutíl veneno
Arda inflamando sus venas
Y que evoque las memorias
De sus alegrías muertas !
¿ Que la vida se apresura
Y que la muerte se llega ?......
¡ Ya lo sabe el triste Daimio !
¿ No veis que cuando despierta
De los éxtasis do vaga

Su adorada Crisantema,
Melancólico y sombrío
Fija su vista serena
En un ataúd de sándalo
Y en un sudario de seda...?

MUSA JAPÓNICA

I

Llegué al jardín ; en las rosas
Juntaban las mariposas
Sus alitas temblorosas...

* *

Escuché el dulce murmullo
De una torcaz : el arrullo
De mi amor cerca del tuyo...

* *

Vi sangrar al blanco lirio
Cuya palidez de cirio
Manchó un trágico martirio.

* *

Así en mi sér que devora
La Tristeza, á toda hora
Tu recuerdo sangra y llora !

*
* *

Una garza cruza el cielo,
Tiende sobre el sol un velo,
Junto al lago posa el vuelo,

*
* *

Y en el lago retratada,
Su alba imagen sobrenada
Temblorosa y argentada !

*
* *

Así eternamente veo,
Sobre el sol de mi deseo
De tu amor el aleteo

*
* *

Que en mi alma tenebrosa,
Una estela al fin reposa
Argentada y luminosa !...

*
* *

Del lago entre los temblores,
Cual reflejo de sus flores
Van los peces de colores...

*
* *

¡ Tú eres flor triunfante y pura
Que en vano copiar procura
Mi rima en su onda obscura !

II

Los pinos que en las colinas
Lloraban las ambarinas
Lágrimas de sus resinas;

*
* *

Las linternas sepulcrales
De los príncipes feudales,
Entre verdes saucedales

*
* *

Y la pagoda sombría
Donde eternamente ardía
El incienso noche y día...

*
* *

En aquel jardín sagrado,
El símbolo han evocado
Del amor con que te he amado!

*
* *

De mi amor ¡ amor inmenso,
Que se exhala si en tí pienso
Como el perfumado incienso...

*
* *

Que en aras de tu hermosura
Gastara la piedra dura
Con ósculos de ternura !...

. . . .
. . . .
. . . .

III

Ya del jardín alejado,
Vuelvo el rostro al sitio amado
Donde tanto en tí he pensado

* *

Y veo, junto á la laguna,
A los rayos de la luna,
Sobre la tiniebla bruna,

* *

Que un blanco pavo real
Abre su cola, triunfal
Abanico de cristal !

Jardines del Bluff, Yokohama, Otoño de 1900.

NOCHE DE OPIO

La noche, el lago y la luna
Desde el alto mirador
Ve la princesa Satsuna
Ebria de opio y de amor.

Bajan de los cedros altos
Y revuelan taciturnas
Con fúnebres sobresaltos
Las mariposas nocturnas.

La vaporosa neblina
Cubre á la luna en el cielo
Como tenue muselina
Sobre de un disco de hielo.

La barca extiende su vela,
Que flota medrosa y pálida,
Cual mariposa que vuela
Al salir de la crisálida.

... Ya hunde el pez en las espumas
Sus escamas platëadas...
Ya las garzas en sus plumas
Se acurrucan esponjadas...

Ya los bambús se estremecen
Y ante sus ráfagas frías
Los bonzos desaparecen
En las pagodas sombrías.

Embriagada y silenciosa
Mira en el cielo Satsuna
Avanzar esplendorosa
La blanca faz de la luna.

¿Por qué en su blanca hermosura,
Cuando el espacio divisa,
Su pintada dentadura
Luce con negra sonrisa?

Es que su amor ha soñado
Libre de angustia y de duelo
Mientras brille inmaculado
Aquel astro en aquel cielo

Y como limpio divisa
En el cielo azul el astro,
Vuela su negra sonrisa
Sobre su faz de alabastro!

Pero de súbito exhala
Una queja lastimera;

Tiembla, de hinojos resbala,
Se postra sobre la estera,

Y se escapa de sus ojos
Una lágrima que rueda
Sobre los nelumbios rojos
De su túnica de seda...

La luna brilla en el piélago
Azul ; pero ella ha mirado
Revolotear un murciélago
Como un crespón agitado.

Y, sintiendo mortal frío,
Ve desplegarse Satsuna
El ala vellosa y bruna
Como abanico sombrío
Sobre la faz de la luna !

LA VENUS CHINA

A mi amigo OKADA ASATARO.

En su rostro ovalado palidece el marfil,
La granada en sus labios dejó púrpura y miel
Son sus cejas el rasgo de un oblicuo pincel
Y sus ojos dos gotas de opio negro y sutil.

Cual las hojas de nácar de un extraño clavel
Florecieron las uñas de su mano infantil
Que agitando en la sombra su abanico febril
Hace arder en sus sedas un dorado rondel...

Arropada en su manto de brocado turquí,
En la taza de jaspe bebe sorbos de thé
Mientras arde á sus plantas aromoso benjuí.

Mas irguióse la Venus... y el encanto se fué
Pues enjuto en la cárcel de cruel borceguí
Era un pie de faunesa de la Venus el pie......

Yokohama. — China-town. — 1909.

CANTOS DE AMOR Y DE OTOÑO

PARÁFRASIS DE POETAS JAPONESES

DEL « KOKIÑSHIFU » (1).

Campana de madrugada
Que alejas á los amantes,
Mi dolor y el de mi amada
Mira y ahoga en la nada
Tus tañidos sollozantes !

SANDARA TÓSHI.

＊
＊ ＊

Entre la humedad sombría
De las rocas, alejado,
Y huyendo la luz del día,
Mis amores he contado
A la noche negra y fría...

SAIGIO.

＊
＊ ＊

(1) KOKIÑSHIFU : Colección de odas antiguas y modernas.

Luna de la alborada!
Ayer viste mi llanto doloroso
De la ausencia en la noche desolada,
Y hoy ríes al amante venturoso
Que á la aurora se aleja de su amada!

SADAIE.

*
* *

Cuenta, hermosa, tu tormento
A las garzas mensajeras,
Que con vuelo blando y lento
Sobre el azul firmamento
Trazan estrofas ligeras!

MURASAKI.

*
* *

La manga de mi vestido
Que el llanto llegó á empapar,
Contempló un desconocido...
Y, ¡ay de mí! no he conseguido
Que tú me vieras llorar...!

SANESKÉ.

*
* *

¡Oh risueñor, que en el viento
Siembras tus quejas amantes,
Al oír tu mismo acento
He suspirado, pues siento
Que no soy la misma de antes!

TOMONO-KODI.

Yokohama, 1900.

« UTAS » JAPONESAS

POETAS DEL AMOR (1)

¿ Estoy soñando acaso?... Ayer en Primavera
Miramos la esmeralda temprana del retoño
Y ya una triste brisa suspira en la pradera
Entre los amarillos arrozales de Otoño !...

HEÑZEU.

*
* *

Si es vano anhelar la estrella;
Asir la luz que destella
Y en el lago ardiendo está...

(1) Todas las pequeñas poesias que aquí figuran traducidas
de poetas nipones se conocen en el Japón con el nombre de
« UTAS » y pueden compararse con las seguidillas castellanas,
los *lieder* alemanes ó los *lays* franceses del tiempo de Carlos de
Orleans. El « UTA » es generalmente el vehículo de la poesía
popular, aunque muchos grandes poetas se hayan servido de él
para expresar sus ideas. — J. J. T.

Más es soñar en aquella
Que en ti nunca soñará !

ANÓNIMA.

*\
*

¡ Alma ! no te conturbes si arrebatadas viste
Las amarillas hojas por la racha otoñal !
Es el paso del Hombre más fugaz y más triste
Por la escena mortal... !

CHISATO.

*\
*

En la roca desnuda cae el germen viajero
Y entre sus arideces surge el frondoso pino...
Si el amor que me brindas es ¡ oh amado ! sincero
Unidos existamos... Tal es nuestro destino !

La poetisa KOMACHI.

*\
*

Los rocíos de Otoño no llegan todavía ;
Pero gotas ó lágrimas inundan mi almohada
Cuando despierto en medio de la noche sombría
Soñando con mi amada !

ANÓNIMO.

*\
*

Son las gotas de la aurora
Que el fugor de Otoño dora,

Leve polvo de diamantes
Y la araña lo atesora
En sus redes cintilantes!

ASAYASU.

Imagen es de la ternura mía
El césped, en el monte abandonado,
Pues aunque crece y crece cada día,
El misterio lo vela y todavía
Ningún ojo mortal lo ha contemplado!

YOSHIKI.

Kamakura. Japón, 1900.

NOX.....

La Noche es una reina viuda del Día,
Majestad pesarosa que arrastra el duelo
De su fúnebre cauda de terciopelo
Donde prenden los astros su pedrería;

Pero aquí es una laca de oro y umbría
Cuando raudos cohetes cruzan el cielo
Y aclaran de las selvas el denso velo
Los chinescos faroles en teoría.....

Cuando en la misteriosa floresta bruna
La brillante pagoda vuelca un tesoro
En las ondas de ónix de la laguna,

Cuando inflama sus alas el piroforo,
Cuando atrás de los montes surge la luna,
La noche es una laca de negro y oro!

Shiba. Tokio, 1900.

EL DAIMIO

MAÑANA DE BATALLA

(J. M. de Heredia.)

Bajo la negra fusta guerrera que restalla,
Relincha y belicoso sacúdese el bridón,
Y el acerado peto y el bronce de la malla
De sables que se chocan imitan férreo son.

Quitándose la hirsuta máscara de batalla,
El Jefe envuelto en hierros, en laca y en crespón,
Mira el volcán en cuya pálida nieve estalla
Sobre un purpúreo cielo la aurora del Nippon.

Pero mira hacia el Este surgir glorioso el Astro
En la fatal mañana dejando un áureo rastro,
Deslumbrante emergiendo por detrás del estero;

Y amparando sus ojos del hostíl arrebol
Abre de un solo golpe su abanico de acero
En cuya blanca seda se inflama un rojo Sol !

Parque de Uyeno. Tokio, 1900.

EL SAMURAI

(J. M. de Heredia.)

La mano en el cordaje de la diva sonora
Tendiendo su mirada por el bambú calado,
Ve al vencedor que llega cual ella lo ha soñado
Por la infinita playa que el sol calienta y dora...

Va en alto el abanico, los sables al costado ;
Una purpúrea banda su pecho condecora
Y en la coraza negra con esplendor de aurora
De Tokungava ó Hizen luce el blasón grabado.

Aparece vestido de láminas y placas,
Bajo la seda, el oro y las brillantes lacas,
Bermejo y negro como un crustáceo gigante.

La mira sonriente ; sus pasos se apresuran
Y moviéndose al ritmo de su marcha triunfante
Las antenas de oro de su casco fulguran !

Dedicatorias.

Á HIDALGO

I

¡Volvamos nuestros ojos al pasado!...
Emigre el pensamiento arrebatado,
Y rasgando el pavor de otras edades
Pose su vuelo en la inmortal Dolores,
Á donde luce lleno de fulgores
El astro de las patrias libertades !

II

¿Veis la humilde parroquia?... ¿ el campanario?
...¿ El luminoso blanco del santuario
Entre la luz rojiza de la aurora ?...
¿ Veis inclinarse, al son de las campanas,
Una cabeza noble y soñadora
Llena de pensamientos y de canas ?...

III

De Hidalgo es esa frente que se inclina !. .
...Ya el ideal de libertad germina
Bajo el hielo que cubre sus cabellos !...
Y ante el Dios que murió por los humanos
Elevan una súplica sus manos
Y su frente se cubre de destellos !

IV

Hidalgo habla en la noche con el Cristo.
Dice : Á mi patria escarnecida he visto !...
Por contemplar su yugo hechò pedazos,
Moriré como tú, crucificado !...
Y el Cristo del altar abre los brazos
Al Cristo de la Patria, arrodillado !...

V

Tuvo la empresa de su parte al cielo !
Nació en un templo; levantó su vuelo
Al místico sonar de una campana...
Un lábaro buscó que la cubriera
Y la dulce madona americana
Bajó del Tepeyac á su bandera !...

VI

Pero Hidalgo otro Dios fuerte y fecundo
Tuvo en la Libertad! el Dios del mundo
Á quien no crucifica el Pesimismo,
Ni sepultan los mares de la duda!
Dios triunfal de la cruz y del abismo
Á quien el mundo en éxtasis saluda!

VII

Y á la vez que predica la cruzada
Deja Hidalgo la cruz ; ciñe la espada!
Heroico fraile que á la luz del cirio
Con la hostia levanta una bandera
Y coloca en su nívea cabellera
El casco y la corona del martirio!

VIII

¡Y se lanzó á la lucha aquel gigante!
La mística bandera alzó triunfante
Y con su diestra vengadora y pía
Hirió al tirano, castigó al verdugo,
Libró á mil siervos del infame yugo
Y al par que fulminaba... bendecía!

IX

Y fué el cadalso el fin de su heroísmo!
Al sol subió la sombra del abismo
Y nublados del astro los fulgores
Sangró otra vez esa tragedia obscura
Que Hidalgo celebró cuando era cura
De la humilde parroquia de Dolores !...

X

¡ Oh heroica sangre que á la Patria abona !
Si de flores la tierra se corona,
Si bajo el cielo azul triunfa el paisaje
Enflorado con mirtos y laureles...
Si estremecen las liras su cordaje
Y al mármol acarician los cinceles...

XI

Si evocando la sombra de Virgilio
Brota junto á la geórgica el idilio,
Y la Patria en su hamaca reclinada,
Sueña al ritmo de plácidos vaivenes
Bajo fresca palmera doblegada,
Cadencioso abanico de sus sienes...

XII

Si hace la Paz que fructifique el suelo
Y luzca el arco iris en el cielo
Y broten los olivos y los lirios...
Para esa gloria que la tierra inunda,
Tuvo antes que brotar, brava y fecunda,
La sangre de los épicos martirios !

XIII

Si eres feliz ¡oh pueblo mexicano !
Si no eres el esclavo de un tirano,
Pon en tu pecho, entre tus dioses lares,
A Hidalgo que arrasó tus gemonías,
A otro libertador : Benito Juárez
Y al héroe de la paz : Porfirio Díaz !

XIV

Piensa en Hidalgo y si la Patria llora,
Si alguno la amenaza... conmemora
Del abnegado Cura de Dolores
La sangre mártir, la cabeza cana,
Sus canas y su sangre... dos colores
Que ostenta la bandera mexicana !

Septiembre 15 de 1899.

AL DUQUE JOB

In memoriam.

A mí la Musa torva, silenciosa y hermética,
La de ojeras moradas como flores de hiedra...
La de peplo tejido con ensueños y brumas
Cuya frente es el ampo de una pálida luna!

La que implora los astros de la bóveda umbría
Con los ojos en blanco de una virgo tristísima
Cuyas manos sostienen de su seno las urnas
Cual temiendo que en ellos se desborde la angustia!

A mí las agobiadas rimas de mármol negro
Dolorosas cariátides de un grave Mausoleo,
Esas que en el silencio dejan caer su lloro
Llenando los profundos vasos lacrimatorios!!

Que la Elegía el coro de sus versos prosterne!
Que suba á las alturas el ronco Miserere!
Que la musa desgarre su pectoral de seda!
Que la ceniza empolve sus lujuriosas trenzas!

Que exhale cual un trágico ritornelo el sollozo
Con que la joven viuda llora al gentil esposo
Y luego, en el crepúsculo, cuando la tarde muere,
Tras de encender los cirios en la capilla ardiente,
Mientras las hojas secas bajo sus pies rumoran
Se aleje, deshaciendo sus ayes en la sombra
Como un cortejo lento, como una mar fúnebre
Por una interminable calzada de saúces!!!

Silencio! Ya en la Pena sangrienta, los sollozos
Se anudan cual crespones sobre un corazón rojo!
Y al pésame se abren los brazos de la cruz...
Mi duelo es una triste Venecia en Viernes Santo.
Silencio! ya en sus aguas nocturnas van remando
Las góndolas que siguen el funeral del Dux!

De los canales torvos en la obsidiana fría
Riela una mascarada la loca fantasía;
Pierrot tiende furtivo su máscara de harina
Junto á la faz de rosa que asoma Columbina
Y en un rincón de sombras se esconde Pulcinela
Cuando sobre aquel vano rumor de cascabeles
Pasa angustiosa y triste la negra carabela,
La fúnebre trirreme cargada de laureles!

Apenas si en los altos balcones palatinos
Sus rostros enigmáticos asoman las tristezas
Y entre el florón que elevan sus dedos marfilinos
De hiedras coronadas, inclinan las cabezas.

Contemplan el doliente cortejo del magnate!
Escuchan cómo gimen los negros violonchelos,

Pero ni el llanto anubla, ni la tristeza abate
Sus ojos soñadores clavados en los cielos !

La luz del plenilunio sus cabelleras dora...
Una barca de amores se detiene por verlas,
Y los remos se olvidan sobre el agua sonora
Que al sentirlos arroja borbotones de perlas !

El Ayer aún murmura su gentil serenata !
Y del mudo palacio sobre la escalinata,
Con sus cien mandolinas llega hoy como Antes
A llamar al postigo de la reja de plata
El tropel almizclado de las Fiestas galantes !

No han plegado su rojo parasol los bufones !
Las Infantas que sueñan en los altos balcones
Sobre el mármol dejaron las ligeras escalas
Y aún parece que suben las amantes canciones
Elevando sus labios y extendiendo sus alas !

Es que el bardo no ha muerto ! Sobre Muerte y Olvido
Desatando tu numen ¡ oh inmortal Duque Job !
Nuestras almas obscuras y tu gloria has unido
Con la escala de luces que soñara Jacob !

El Poeta sediento de fulgores de aurora,
El ilustre guerrero, la beldad soñadora
Por tí queman la mirra de sus votos adversos
Y hasta ellos descienden por la escala sonora
Entre arpegios y flores deshojadas, tus versos !

Si la virgen amante que el Dolor importuna
Se arrebuja en su tedio que es un fúnebre tul,
Son tus rimas consuelo de su amor sin fortuna
Y desciende tu numen en las noches de luna
A besar á la virgen como un Príncipe Azul!

Tú no has muerto! tú vives! en la liza te veo
Levantando en la diestra vencedora el trofeo
Mientras suena tus triunfos el sonoro clarín
Aún fulgura tu casco bajo el Sol del torneo
Y se alarga tu sombra de triunfal paladín

Ah! por eso mi Duelo, la Venecia sin luz —
Se estremece vibrando como un solo laúd...
Y al pasar esa góndola que es tu negro ataúd
Creo mirar el cortejo de las nupcias del Dux
Desposado suntuoso del Adriático azul!

.   .   .   .
.   .   .   .

Ha pasado el Cortejo y en los hondos canales
Las góndolas se alejan; se van los Carnavales;...
Perdiéndose en la sombra solloza un violonchelo...
Dejaron las Infantas sus altos barandales,
Sólo quedó la luna, sonámbula en cielo...!

.   .   .   .

Desfila ya el cortejo de bardos y hermosuras,
Nosotros conmovimos los trágicos bordones,

Ellas te dan sus senos — marmóreas sepulturas —
Oh Príncipe! ya mueren los últimos blandones,
¡Descansa sobre el blanco plumón de sus ternuras!
Descansa en lo más hondo de nuestros corazones!

México, 1901.

EN UN ÁLBUM

(A LA SRITA. MARÍA DE JESÚS SIERRA)

Cruzas por la vida como joven diosa,
Tu robusta gracia baña un sol naciente;
Floreal el lirio teje con la rosa
Y deja diademas en tu pura frente.

La triunfante aurora con su luz más clara
Te cubre de armiños, Abril te empurpura:
De su alegre imperio reina te declara
Y enflora doseles para tu hermosura.

Cada blanca rosa será tu menina,
Serán los claveles tus pajes gentiles;
Ya la alondra canta y el jilguero trina
En la Misa Blanca de tus quince abriles!

Exhalando aromas de fragantes flores
De la vida apenas pisas los umbrales
Cual la joven reina de los thermidores!
Como la princesa de los floreales!

Pasas, y la dulce lira del poeta
A tu aliento vibra como el harpa eolia,
Y canta tus ojos de húmeda violeta
Y tu seno casto, cáliz de magnolia...

Pasas, y sus góndolas la melancolía
Pierde entre canales llenos de tristezas
Y en una Venecia llena de alegría
Suenan los laúdes de las dogaresas...

Pasas... y la mente mira los colores
Que dejó en el lienzo Pablo de Verona
Cuando sus pinceles derramando flores
Encarnaron una juvenil madona...

Pasas... y el orfebre deja sus marfiles
Y el modelo exangüe que le dió Lutecia
Ante los encantos de tus quince abriles
Que el mármol hubiera consagrado en Grecia....

Pasas... y la torva musa decadente
Siente la frescura con que tú la bañas
Y se inclina y toma, dócil y obediente,
La sonora flauta de las siete cañas...

Esa, la que tiene murmurar de río,
La que tú presientes, la que tú deseas,
La que en las mañanas llenas de rocío
Lleva el áureo polen hasta las ninfeas!

La syringa dulce y húmeda que engarza
En las almas blancas su florón de nieve,

Y en las albeantes plumas de la garza
De los plenilunios los fulgores llueve!

La que hoy el poeta suena entre la sombra
Mientras celebrando tu paso esplendente
Tiende Primavera su florida alfombra
Y llueven los astros sobre tu alba frente!

Hoy que por tí cantan todos los laúdes
Una serenata llena de ternura...
Y surgen los lirios para tus virtudes !
Y se abren las rosas para tu hermosura!

Hoy que la azucena será tu menina
Y los tulipanes tus pajes gentiles,
Y el jilguero llama con nota argentina
A la Misa Blanca de tus quince abriles.

México, Abril 1900.

A JESÚS URUETA

(EN VÍSPERAS DE UN VIAJE Á PARÍS)

Por fin tu resonante y erguida carabela
Hacia las islas de Oro tendió su blanca vela...
Por fin de tus inviernos el hielo se conmueve,
Estallan primaveras sobre la dura nieve,
Y puedes ¡ oh liberto ! dejar la gemonía
Donde enervada y triste tu juventud yacía...

¡ Hoy al sonoro grito de libertad que exhalas
Sacude el alto numen como el condor sus alas !
Quien, como tú cantando de los demás se aleja,
¿ Ve acaso la amargura que con su ausencia deja ?
¿ Ve acaso la dorada y erguida carabela
Los surcos dolorosos de su profunda estela ?

¡ Contempla la ribera ! Nosotros tus hermanos
Estamos ahí todos... Las temblorosas manos,
Las mismas que aplaudieron tus triunfos de otros días
Bendicen tu partida con hondas nostalgías ;

Y esas serán las mismas que á tu regreso, fieles,
Tu frente, como antaño, coronen de laureles!

¡Oh, Argólida! tu nave con espolón sonoro
Se aleja de la orilla, conquista el Toisón de oro!
Vuelve, pero triunfante, de la moderna Grecia!
Vuelve pronto cargado de lauros de Lutecia!
¡Estrecha contra el seno tu lira de poeta!
Baja al estadio y unge tus músculos de atleta.

Y cuando con sus giros te cerque la Faunalia,
¡Acuérdate de Dálila y acuérdate de Onfalia!
Entre las tentaciones no tiembles ni sucumbas :
Hay lechos perfumados que se hunden como tumbas;
Hay cabelleras tristes cual fúnebres saúces...
Hay brazos que se abren como sangrientas cruces...

¡Y ahora, parta al soplo propicio de las brisas
Tu carabela llena de cantos y de risas!
¡Ya dejas en la playa la noche triste y fría!
¡Ya cae sobre tu frente la clara luz del día!
¡Ya llegas á la dicha por la dorada puerta!
Y aquí estamos nosotros ; la caravana incierta!

.   .   .   .

¡Quién sabe en qué tristezas! Quién sabe en qué Nirvana
Se pierda al fin la torva y obscura caravana!.....

11

A MARÍA GUERRERO

Señora, hasta las gradas de tu trono me envía
Mi Emperatriz, la Santa y Augusta Poesía!
. . . .
Ser orfebre quisiera y en tus regias diademas
Pulir los alabastros y abrillantar las gemas ;
Ó un pintor bizantino por nimbar tu figura
Con el oro sagrado que en Bizancio fulgura ;
Ó un cincel que esculpiera en el noble Carrara
Tu beldad ; ó una lira que tu nombre aclamara ;
Ó una abeja surgiendo de la flor del laurel
Por dejar en tus labios una gota de miel !

Pero vengo sangrando del *via crucis* sombrío
Y el dolor me lacera y me abruma el hastío...
Del cenobio he surgido ! La leyenda de antaño
Hoy se cambia, Señora, y el obscuro ermitaño
Que á las crueles mordidas del cilicio sangraba,
Va buscando en sus ansias á la Reina de Saba !
¡ Oh Belkiss ! tú eres ella, tú eres ella ¡ oh María !
Tu alma blanca y radiante ilumina á la mía ;

El incienso y la mirra que recelan tus urnas
Embalsaman las sombras soledades nocturnas ;
Atraviesa las hondas del desierto inclemente
Con parábola de oro la falárica ardiente... !
Ahí van tus camellos, tu elefante, tu onagro
Y el desierto se incendia con la luz del milagro !

Sufre mucho, Señora, quien se llama Poeta...
En la arena hay un lauro cuando triunfa el atleta
Y las rosas estallan y el clarín vociglero
Alabando la gloria del invicto guerrero !

A esas dichas ajeno el Poeta entretanto
Va vertiendo en su lira los diamantes del llanto.
Va dejando en las frentes fulgurantes estrellas
Y ensangrienta el camino con sus trágicas huellas !
Va llevando cortejos con triunfal harmonía
Y agravando el silencio de su alma vacía...;
Es un Tántalo enfrente de las dichas ajenas
Y un Procusto en un lecho de amarguras y penas !

El Poeta, el bastardo de la diosa Fortuna
Mece rítmicamente del infante la cuna,
Hasta el tálamo ebúrneo acompaña á la esposa
Y entreteje para ella con el lirio la rosa,
Y si al héroe arrebata la glacial sepultura
Por el numen del bardo su renombre perdura ! !

¡ Ah.! mas si el bardo canta en la noche sombría,
La Dama cierra al punto su alta celosía...
En vano se estremece la ansiosa serenata
Que al fin en la tiniebla sus notas desbarata !

El balcón es de mármol ; está frío y distante...
No hay manojos de rosas para Siebel amante !
No hay escalas de seda para el dulce Romeo,
Son mudas y son hondas las ondas del Leteo... !

¿ Amas las margaritas, oráculos de amores ?...
Así somos nosotros, así, como esas flores ;
Cuando sólo y sin hojas mustio queda el botón
Dice al fin la adorada : Era yo su pasión !
¡ La Dama y el Poeta !..... Ya viste ese desvío
Y al trovador errante bajo el balcón vacío...
¿ Y el Poeta y el prócer ? ¿ El paladín y el Vate ?
¡ Ah ! también es de mármol la casa del magnate !
Y sólo llega el numen hasta el palacio yerto
Para dejar su ofrenda sobre Mecenas muerto !

No es ambición, Señora, la que mi canto inspira,
Pero siempre la espada fué hermana de la lira
Y siempre, antes que César lograra su trofeo,
Vibraron belicosos los himnos de Tirteo... !
No ambiciono los dracmas del opulento Creso,
Es más rubia una trenza y es más sonoro un beso !
Y como numismática, la imagen de mi amada
El bronce de mi pecho ostenta troquelada ;
Sonoramente brotan zequíes y talentos
De sus ojos radiosos, de sus labios sangrientos
Y es el más noble exergo, después de mi reclamo,
Un musical, un dulce, un trémulo : te amo !

Perdona, ilustre artista, si el alma ante tí deja
Un himno en cuyo fondo vibra una triste queja !
Si sangre hay en los lirios que para tí he cortado,

En mi pecho han nacido y mi pecho ha sangrado !
Perdona si al brindarte la copa que mereces
Por darte todo el vino te he dado hasta las heces !
Bajo el claro de luna de tu alma blanca y pía
Han brotado las hiedras de mi alma sombría.
Deja que tu diadema de emperatriz celebre
Engarzando obsidianas el pesaroso orfebre...!

Qué instante más propicio ! Cuándo mejor que ahora
Podrá tender el arte su adamantina aurora?
Si ya apagó la Guerra sus lívidos fulgores,
El Floreal del Arte puede regar sus flores.
Si huyó el Invierno triste, si duerme el vendaval,
Ya pueden en la encina cantar los ruiseñores
Y arder sobre la noche la aurora boreal !

¡Oh Artista noble y grande ! sé la augural estrella
Que anuncia el plenilunio y vívida destella !
Traigan, si ya el Diluvio cesó y el astro asoma,
Olivos y laureles tus alas de paloma ;
Sé el iris fulgurante tras de la tempestad !
Señálanos la era de la gloriosa edad !
Sé la fecunda lluvia ! sé la temprana flor
Para la Primavera del Arte y del Amor !

HIMNO A LEÓN BLOY

Bienaventurado el que piensa
en el pobre : en el día malo
lo librará Jehová.
                      · SALMOS, 41.

Lámpara del exégeta;
Óleo viril del atleta;
Lira de oro del poeta !
Los relámpagos de sangre de tus prosas iluminan
El tropel de águilas negras que en su larga noche van;
Hay granizos que lapidan, hay centellas que fulminan
En las iras de tu verbo donde truena el huracán !...

Oh látigo del beluario !
Peregrino del osario ;
Saeta del sagitario !
Arrebata sus serpientes á Gorgona y á las furias
Y blandidas por tu diestra como un haz flagelador
Que sollocen las maldades y que ululen las Lujurias
Azotadas por tu rabia de implacable vengador !

Flor de lis del proxeneta ;
Agua clara del asceta ;
Clarín áureo del profeta !
Eres águila surgiendo del plumón de una paloma,
Es el blanco Paracleto quien inspira tu furor
Y por eso entre fragancias pavoroso, tu odio asoma
Cual león rugiente y negro bajo de un rosal en flor!

Oh flagelo del suplicio !
Crin y acero del cilicio !
Luminar del santo oficio !
Que á tus trágicas hogueras y á tus rojas guillotinas
Del burgués y la hetaira llegue el pálido tropel,
Que el traidor sucumba al fuego de tus cóleras divinas !
Que los réprobos naufraguen en los mares de tu hiel !

Oh brava espada ! pelea !
Incendia : divina tea !
Hacha incansable : golpea !
Pobres ojos empañados que no ven en tu exegesis ;
Que son lámparas extintas ante el rostro de Jesús ?...
Miserables de los sordos á tu airada parenesis
Cuyos senos no temblaron al abrazo de la Cruz ?

Cruz de hierro del templario ;
Olibán del incensario ;
Ventanal en el sagrario ;
Oh gigante ! con montañas cargarás tu catapulta
Y tu fronda y tus arietes formidables crujirán
Cuando pávida contemple la canalla que te insulta
En el cielo la tormenta y á sus plantas el volcán.

Lucha, hiere y en la meta del cantar en que te ensalzo
Oh verdugo inexorable ! Oh profeta del Amor!
Aparece en el sangriento pedestal de tu cadalso
Como un Dios de represalia, de venganza y de pavor !

1901.

AL ARTISTA

JESÚS F. CONTRERAS

In Memoriam.

Otra vez los recintos enlutados !
Por nueva vez el funeral tañido
Llenando los confines desolados,
Arranca de los pechos destrozados
El sollozo, la queja, y el gemido.

Otra vez más la fúnebre galera
Á la luz espectral de sus lampiones,
Singla en la noche procelosa y fiera
Y del caos se engolfa en las regiones
Dejando para siempre la ribera !

Ay ! del bajel fatídico y errante
Que hacia la sombra y sin cesar, avanza,
¿ Serás tan sólo un ataúd gigante,
O llevan como símbolo triunfante
Tus mástiles en cruz una esperanza ?...

Naufragarás entre la noche bruna
En el hondo mar-muerto del olvido
O te meces al rayo de la luna
Para arrullar tal vez, cual blanda cuna
El ensueño de una alma que ha nacido?

Tu enigma arrastras en la mar luctuosa,
Tumba ó cuna, sarcófago ó crisálida;
? Duerme en tu seno el alma mariposa
O acaso sólo en su frialdad reposa
La enjuta momia en su mortaja pálida?

Ah! por eso un gemido te acompaña
Como al zarpar de las corsarias urcas
Que la tierra asolaron con su saña...
Por eso el llanto nuestros ojos baña
Y es tan amargo como el mar que surcas!

Por eso al ver en tu bandera floja
El símbolo que tiembla y se deshace,
El alma no discurre en su congoja
Si es el vuelo de un fénix que renace
O la muerte de un lis que se deshoja.

Por eso entre los huérfanos, la esposa
Agobiada como una dolorosa
Contempla de su llanto en los raudales
Su pena como negra mariposa
Que sin cesar azota los cristales!

¡Ah del bajel de incierto derrotero
Que hoy renueva su obscura travesía!

Y raudo se hunde en la tiniebla fría
Entre el clamor que surge lastimero
En la ribera donde muere el día !

Que para aquél, que hoy nos arrebata
El misterio de un trágico destino,
Víctima de la suerte más ingrata,
Surja la luna y con su luz de plata
Ilumine piadosa su camino...

Y hechos votos felices nuestras penas
Llévente á los marítimos jardines,
Propicio cante el viento en tus antenas
Y señalen tu rumbo los delfines
Y acompañen tu marcha las sirenas !

Fué hermano de Mirón y de Harmodoro,
Y cual ellos con rítmicos cinceles
Del ideal acrecentó el tesoro...
Su hermosa frente ornaron los laureles
Y ornó su pecho un corazón de oro.

Fué un gladiador que en el combate rudo,
Por un rayo del cielo fulminado
Rodó en la arena, y aun erguirse pudo
Para ornar con laurel ensangrentado
El nimbo rutilante de su escudo.

Fué un mártir y el dolor en sus crisoles
Su gran alma dejó sin una escoria,
Por eso brillará en nuestra memoria

Su recuerdo tan puro cual los soles
Que él soñaba en su éxtasis de gloria!

¡Oh bajel, que te vas y nos apenas,
Mientras á los marítimos jardines
Llegas, que cante el viento en tus antenas
Y señalen tu rumbo los delfines
Y acompañen tu marcha las sirenas!

Hostias negras.

EX-VOTO Á UNA MADONA

De Baudelaire

En la fúnebre cripta de mi tristeza,
Lejos de las miradas y de la tierra
Quiero, mi dulce amante, para tu gloria,
Formar una capilla regia y suntuosa ;

Un nicho bizantino de azul y plata
Donde tu te levantes como una estatua...
Con versos y con rimas de oro y cristal
Tu corona de reina te he de labrar,

Y formarán mis Celos — Blanca Madona —
Una clámide negra donde te escondas,
No bordada de perlas sino de lágrimas
Y donde siempre ocultas vivan tus gracias.

Mis ardientes deseos serán el manto
Que revista de un beso tu cuerpo blanco,
Y haré de mi Respeto tus escarpines
Para que tú los calces y los humilles.

Si como plinto regio no puedo darte
Á la luna que irradia con luz süave,
He de poner tendida bajo tus plantas
La Serpiente — martirio de mis entrañas.

Estrellando la nave con sus reflejos,
Mirándote con ojos de luz y fuego,
Verás á mis ideas — pálidos cirios —
¡Oh Virgen! alumbrando tu altar florido!

Y cual la sacra imagen del templo santo
Envuelta en los perfumes del incensario,
Estarías ¡oh Diosa! por quien deliro,
Envuelta en el aroma de mis suspiros!

Y al fin por confirmarte — regia Madona —
En tu trágico aspecto de dolorosa,
Con los siete Pecados, siete puñales
He de forjar, y luego — juglar infame —
Bárbaro, voluptuoso y enamorado
Traspasaré con ellos tu pecho blando,
¡Tu pecho sollozante, rosado y tibio,
Tu pecho ensangrentado y estremecido!

RETABLO PARA UN ALTAR

I

Soñé morir entre la tarde helada
Y soñé que al morir, mi único anhelo
Era que la tiniebla de la Nada,
Al sacudir su pavoroso velo,
No extinguiera tu imagen adorada......

Soñé que entre el crepúsculo moría,
Y soñé que anhelaba en mi agonía,
Exhalar hacia tí mi último aliento
Y dejar extinguir mi pensamiento
Sobre tu blanca frente, amada mía!

II

Y un fraile se inclinó sobre mi lecho;
Extendiendo un ebúrneo crucifijo,
Y lo puso con unción sobre mi pecho
Y luego silencioso me bendijo.

12

Yo meditaba siempre en mis amores,
Y soñaba contigo, y entre tanto
Lleno el fraile de místicos fervores,
A mí llegaba con el óleo santo......

Y ¡ oh dulce y silenciosa amada mía
Escucha las palabras que me dijo,
Mientras santificaba mi agonía
Y con sus manos pálidas me ungía
El fraile del ebúrneo crucifijo :

III

« Purifico tus ojos que han pecado,
Que por Ella de amor se han encendido
Y que nunca hacia Dios se han levantado ;
¡ Tus ojos que por ella han sonreído !
Y con ardientes lágrimas llorado ! »

« Purifico tus labios que se abrieron
Para ungir con sacrílegos delirios,
Un satánico amor... donde murieron
Las oraciones como yertos lirios ! »

« Que regaron el polen de los besos,
En los cálices muertos y profundos
De las flores del mal... cuyos excesos
Devoraron los senos infecundos... »

« Purifico tus manos que han labrado
Ídolos á tu ciega idolatría ;

Purifico tus manos que han robado
Las azucenas blancas de María ! »

« Purifico tu frente pecadora
Que se humilló de amor en negro limbo ;
Purifico tu frente... ¡ que la aurora
De la radiante Fe, la bañe ahora
Y que la envuelva en su celeste nimbo ! »

IV

Y el fraile enmudeció ; puesto de hinojos
Al fin dejó caer los brazos flojos
Y me miró con hondo desconsuelo,
¡ Porque en vez de mirar la luz del cielo
Miró tu imagen en mis turbios ojos !

EN BRUMARIO

Ya Thermidor se apaga, y el pálido Brumario
Descorre sus neblinas y hace llover sus nieves...
Ya de la selva helada por el gigante osario
Giran las hojas secas en torbellinos breves.

Ya está desnudo el árbol que levantó sus flores
En explosión radiante, como una ofrenda al cielo;
Ya se arrastra su savia sin ritmo y sin ardores
Tras la coraza yerta que le ha forjado el hielo.

. . . .
. . . .

¡Más majestuoso y bello vives así!... desnudo
De los floridos ramos y de las áureas pomas,
Sin que la inmensa calma de tu follaje mudo
Inquiete el voluptuoso gemir de las palomas.

Así, sin que te envuelvan las brisas enervantes,
Las que se desmayaban en tus brazos antiguos

Con sollozos ahogados de mujeres amantes,
Con besos rumorosos y perfumes lascivos.

.   .   .   .

.   .   .   .

¡ También yo he sido un árbol que tuvo muchas flores
Que, como tú, se alzaba para alcanzar el cielo ;
Pero llegó Diciembre ; volaron los amores
Y sacudí mis ramas y me vestí de hielo !

¡ También yo he sido un árbol que tuvo muchos nidos
También á mí me amaron las brisas estivales !
Pero mis sueños todos volaron desprendidos
Perdiéndose en los flavos celajes otoñales.....

Hoy, bajo el yerto manto que me vistió Brumario,
Descansa mi alma muda y vivirá guardada,
Como bajo el austero ropaje de un templario.
Mi corazón estoico ama su celda helada......

¡ Ah ! si en pos de mi sombra de triste árbol de invierno
Los ensueños volvieran hasta mi fronda muerta,
Aunque para implorarme alcen su canto tierno,
Yo los haré que mueran bajo mi sombra yerta !

Y así, sin que me muevan tristezas ni alegrías,
Indiferente, en torno de mis ramas heladas,
Dejaré que se enciendan los claros mediodías
Y que sobre mí pasen las noches estrelladas !

EL CENTAURO

La obscura cabellera desatada
En su ondulante dorso de culebra —
Ébano palpitante — se deshebra
En lujuriosa y fúnebre cascada.

Como en un mármol plástico se quiebra
La luz en su cadera torneada
Por el fulgor crepuscular dorada
Como el anca rotunda de una zebra.

A las árabes yeguas ella roba
La blancura, y el fuego en su deseo
Así en sus nupcias, en la negra alcoba,

Adonde muere el resplandor febeo
Bordando de oro el lecho de caoba,
Es un centauro el rápido himeneo!

LA MALA LUNA

Por crimen negro y secreto
En la noche abandonado,
Y por el viento azotado,
Pende del árbol escueto
El cadáver del ahorcado.

El zarzal de su cabello
Al soplo del viento oscila ;
Una estrella que cintila
Prende un pálido destello
En su vidriosa pupila.

Se oye un tembloroso acento
Como si salmodia fuera......
Estridores de lamento
Que arrastrados por el viento
Van rodando en la pradera......

De la sombra en el horror,
¡ Oh, melancólica luna !
Surgió tu triste fulgor,

El que llega con amor
A bañarse en la laguna......

El que la linfa retrata,
El que llegando á la alcoba
Do la virgen se recata,
Prende un pabellón de plata
Sobre el lecho de caoba.

Luna, blanca soberana
De las románticas noches !
Endimión espera á Diana,
Te aguarda el cáliz de grana
Y los nacarados broches !

Llega al seno palpitante
De la dulce amada mía ;
Haz que fulgure el diamante ;
Haz que en los joyeros cante
La esplendente pedrería.

Haz que á tu luz blanda y pura
La ronda de faunos vea
La que busca en su locura :
Erguida en la selva obscura
La estatua de Citerea !

    .   .   .   .
    .   .   .   .
    .   .   .   .

Pero en la noche tediosa
Aquella pálida luna
Desdeñó á la blanca rosa
Y á la virgen pudorosa
Y al cristal de la laguna.

Y al ver colgar al ahorcado
Entre las frondas obscuras,
Y su cabello erizado
Y su torso señalado
De rígidas osaturas,

La tiniebla desbarata,
Y un blanco rayo dilata
Que va á atravesar inquieto,
Como una lanza de plata,
El torso del esqueleto !

FLOR DE TEDIO

Recuerdo que los Borgia
A la sospecha del peligro artero,
Por librarse del tósigo, apuraban
Cada día una gota de veneno.

Sé que me amas; pero cada día
En que me has de engañar medito y pienso,
Pues al cabo de rudos desengaños
He llegado á saber que en este suelo
Siempre van los amores y el Olvido
Como la Primavera y el Invierno.....

Pero al beber el filtro de tu engaño
Me habrás de ver impávido y sereno,
Y si quieres saber por qué resisto
Te diré mi secreto:

¡Las horas de dudar me preservaron
Como al Borgia las gotas de veneno!

PLENILUNIO ERÓTICO

Como deja el Sahib á la Odalisca
Después de haberla amado —
Inerte y sin color en los divanes
Del sombrío serrallo —
Aquel sol de las tardes estivales,
En que envuelve en el oro de sus rayos
A la flor y á la virgen, el que besa
El seno y el nectario,
Y llega á la penumbra de los parques
Como furtivo Sátiro
Para besar la desnudez olímpica
De las diosas de mármol;
Aquel sol de las tardes del estío
De sus caricias de mujer cansado
Dejó á la Luna, pálida y tendida
En el lecho de sombras del espacio......
    De la vencida Luna
La noche es el boudoir capitoneado;
Cuelgan los terciopelos de la sombra
Profundos y enlutados
Y mientras van cayendo las estrellas

Como lluvia de flores en el tálamo
La Luna exhala tibios y calientes
Perfumes de mujer en el espacio
Después......
　　　　　— ¡ Amada mía,
No interrumpas las notas de mi canto
Y deja que te cuenten mis estrofas
Las magníficas nupcias de los astros..... !
¡ Oh Amada ! musa de pasión ! los versos
Desmayan en tu trémulo regazo,
Deshojadas están las margaritas
Y se inclinan los lirios en sus tallos...
Deja que caiga el polen de mis besos
En las húmedas rosas de tus labios !
Desmaya soñolienta la pupila
De la luz en el globo de alabastro
Se avivan los aromas de tu cuerpo
En el ambiente cálido...
Tú tienes la belleza de la Luna
Y yo el fuego del Sol... Tras de mi canto
Quiero verte rendida y desmayada
En tu lecho de negro palisandro,
Como el sol de las tardes estivales
De áureas caricias y de besos cálidos,
Dejó á la blanca Luna
En el lecho de sombras del espacio !

Marzo 1899.

EL CILICIO

Con los místicos arrobos de profundas contriciones,
Siento ahora que mi pecho se estremece conmovido
Y el perfume dulce y vago de olvidadas oraciones
Que en el alma han germinado y en mis labios florecido.

. . . .
. . . .

Fuí la sombra de tu cuerpo; tu sonámbulo obediente,
Hoy despierto, de tu obscuro sortilegio redimido,
Y más negra, en mi memoria la tristeza ha revivido
De tu trágica venganza que arrojó sobre mi frente,
Emboscada en las tinieblas, el vitriolo del olvido !

Ya te execra mi pureza, ya mi labio te maldijo
Y no funden las frialdades de mi pecho que te odia
Ni tus brazos que se abrieron como ebúrneo crucifijo,
Ni tus rizos que brillaban como rayos de custodia.

Si tú fuiste de mi vida la cruel expoliadora;
Si el tiránico dominio de tu carne mi alma tuvo,

Ya no inflama mis sentidos tu belleza tentadora,
Ya no violan mis ensueños tus abrazos de Sucubo!

No te quiero, no te odio, y al final de mi suplicio,
Aplacados mis dolores, te contemplo resignado,
Como ven los penitentes el acero del cilicio
Que sus carnes ha mordido y su sangre ha derramado!

Pues con místicos arrobos de profundas contriciones,
Siento ahora que mi pecho se estremece conmovido
Y el perfume dulce y vago de olvidadas oraciones
Que en el alma han germinado y en mis labios florecido!

MISA NEGRA

¡Emen Hetan! (Cri des stryges au sabbat.)

¡Noche de sábado! callada
Está la tierra y negro el cielo,
Palpita en mi alma una balada
De doloroso ritornelo.

El corazón desangra herido
Por el cilicio de las penas
Y corre el plomo derretido
De la neurosis en mis venas.

¡Amada, ven! Dale á mi frente
El edredón de tu regazo,
Y á mi locura, dulcemente,
Lleva á la cárcel de tu abrazo.

¡Noche de sábado! en tu alcoba
Flota un perfume de incensario,
El oro brilla y la caoba
Tiene penumbras de santuario.

Y allá en el lecho do reposa
Tu cuerpo blanco, reverbera
Como custodia esplendorosa
Tu desatada cabellera.

Toma el aspecto triste y frío
De la enlutada religiosa
Y con el traje más sombrío
Viste tu carne voluptuosa.

Con el murmullo de los rezos
Quiero la voz de tu ternura,
Y con el óleo de mis besos
Ungir de Diosa tu hermosura.

Quiero cambiar el beso ardiente
De mis estrofas de otros días
Por el incienso reverente
De las sonoras letanías.

Quiero en las gradas de tu lecho
Doblar temblando la rodilla......
Y hacer el ara de tu pecho
Y de tu alcoba la capilla.

Y celebrar ferviente y mudo,
Sobre tu cuerpo seductor
Lleno de esencias y desnudo,
La Misa Negra de mi amor!

LA MARQUESA DE SADE

Como un incubo violador su ensueño
Con alas de murciélago se agita,
Pues no la mueve la pasión bendita
Ni el alborozo del amor risueño.

Cuando su seno pálido palpita,
Bajo los arcos negros de su ceño
Algún infame y opresor ensueño
Al torvo crimen su pasión incita...

Tiene de la Valois los devaneos,
Soñando encadenar á su cintura
Cual siniestros y eróticos trofeos.

El corazón de los que ansia impura
Murieron abrasados de deseos
A la sombra fatal de su hermosura !...

MAGNA PECCATRIX

Pálida como el alba de la orgía
Pisas del templo las sonoras piedras,
Y cercan tristes tu pupila fría
Las ojeras azules como hiedras......

Por lágrimas tediosas irisada
Cubre tu faz un velo de sollozos,
Y pareces la virgen desolada
De los siete puñales dolorosos.

Sangra cruel tu boca encarnadina ;
Arden tus rizos de dorado electro ;
Un nimbo de madona te ilumina
Y te anubla la sombra del espectro.

Ah ! pero el ser de Montespán la impura,
Tu misticismo y tu inpudor integra
Y en el sabat extiendes tu hermosura
Como un altar para la Misa Negra !

La crátera del viejo Anakreonte
Como un cáliz elevas ; el Cabrío
Brama de amor por tí ; Satán bifronte
Abre sus alas en tu lecho frío !

Tus ósculos, nocturnas mariposas
Que en las almas infiltran sus venenos,
Matan claveles en los labios rosas
Y tronchan lirios en los blancos senos.

Tu sonrisa es un filtro de locura !
Tu boca es la mortal adormidera !
Tu cuerpo es una helada sepultura
Que orna como un saúz tu cabellera !

La faunesa, el sucubo, la histrionisa :
Todo en tu ser á la virtud injuria ;
Serás pronto un puñado de ceniza
En el auto de fe de la Lujuria......

Emperatriz de Amor ! Siempre los besos
Que han brotado en tus labios, han vencido,
Pero muy pronto crujirán tus huesos
En la Danza Macabra del Olvido !

Sigue manchando la virtud que finges !
Viste el manto de virgen que desgarras !
¡ Sigue ocultando así, cual las esfinges,
Bajo tus senos de mujer, tus garras !

Yo, como el fraile en la « Leyenda de Oro »,
Anonado tu frente con mi planta
Y anudo, ciego á tu doliente lloro,
Un cilicio de odio á tu garganta !

ÓNIX

Torvo fraile del templo solitario
Que al fulgor de nocturno lampadario
Ó á la pálida luz de las auroras
Desgranas de tus culpas el rosario...
— Yo quisiera llorar como tú lloras!

Porque la fe en mi pecho solitario,
Se extinguió como el turbio lampadario
Entre la roja luz de las auroras,
Y mi vida es un fúnebre rosario
Más triste que las lágrimas que lloras.

Casto amador de pálida hermosura
Ó torpe amante de sensual impura
Que vas — novio feliz ó amante ciego —
Llena el alma de amor ó de amargura......
— Yo quisiera abrasarme con tu fuego!

Porque no me seduce la hermosura,
Ni el casto amor, ni la pasión impura;
Porque en mi corazón dormido y ciego,

Ha caído un gran soplo de amargura,
Que también pudo ser lluvia de fuego.

¡ Oh Guerrero de lírica memoria
Que al asir el laurel de la victoria,
Caíste herido con el pecho abierto
Para vivir la vida de la Gloria...
— Yo quisiera morir como tú has muerto!

Porque al templo sin luz de mi memoria,
Sus escudos triunfales la victoria
No ha llegado á colgar, porque no ha abierto
El relámpago de oro de la Gloria
Mi corazón obscurecido y muerto.

Fraile, amante, guerrero, yo quisiera
Saber qué obscuro advenimiento espera
El amor infinito de mi alma,
Si de mi vida en la tediosa calma
No hay un Dios, ni un amor, ni una bandera.

LAUS DEO

Al fin de este libro murmuro Laus Deo
Y entre las penumbras de mi alma veo

Frailes inclinados sobre sus misales
Y cruces encima de las catedrales......

Vuelvo de la sombra, de la Misa Negra,
Pero una alborada mi espíritu alegra !

Sangró allá en el sabat el ensueño mío,
Bajo las pezuñas del macho cabrío......

Viví enloquecido por acre beleño
Cuando los sucubos violaron mi sueño......

Sufrí á las estrigias y á los tenebriones
Que beben la sangre de los corazones......

En las Misas Negras ví mujeres blancas,
Como altar impuro tendiendo sus ancas......

Ví las hostias negras y las rojas lunas,
Y he aquí que ultrajado por ojeras brunas......

El riñón sangrando bajo el víl cilicio,
Y aun ebrio del vino de aquel sacrificio,

Me rozan las alas de nívea paloma,
Inunda mis sienes un bíblico aroma......

Y un ser — era un ángel? — me baña de luz
Abriendo los brazos en forma de cruz !

Viví sin amores y hoy amo y deseo,
A Dios no miraba y hoy oro y hoy creo.

No tuve bandera y hoy tengo un trofeo
Y al fin de este libro murmuro :

LAUS DEO !

FIN

ÍNDICE

DEDICATORIAS.

HOSTIAS NEGRAS.

PARÍS — IMPRENTA DE LA Vᵈᵃ DE CH. BOURET.

CPSIA information can be obtained
at www.ICGtesting.com
Printed in the USA
BVOW11s1042260118
506387BV00017B/729/P